THE ART OF

MARVEL STUDIOS

AVENGERS
INFINITY WAR

저자
엘레니 루소스

머리말 및 커버 아트
라이언 메이너딩

프로젝트 매니저
앨릭스 샤프

도서 디자인 및 레이아웃
애덤 델 레

어벤져스의 원작자
스탠 리와 잭 커비

FOR MARVEL PUBLISHING

JEFF YOUNGQUIST & CAITLIN O'CONNELL, EDITORS
DAVID GABRIEL, SVP OF SALES & MARKETING, PUBLISHING
C.B. CEBULSKI, EDITOR IN CHIEF
JOE QUESADA, CHIEF CREATIVE OFFICER
DAN BUCKLEY, PRESIDENT, MARVEL ENTERTAINMENT

FOR MARVEL STUDIOS

KEVIN FEIGE, PRESIDENT
LOUIS D'ESPOSITO, CO-PRESIDENT
VICTORIA ALONSO, EXECUTIVE VICE PRESIDENT, PHYSICAL & POSTPRODUCTION
TRINH TRAN, PRODUCTION & DEVELOPMENT EXECUTIVE
BOJAN VUCICEVIC, PRODUCTION & DEVELOPMENT MANAGER
WILL CORONA PILGRIM, DEVELOPMENT & FRANCHISE EXECUTIVE
RYAN POTTER, VICE PRESIDENT, BUSINESS AFFAIRS
ERIKA DENTON, CLEARANCES DIRECTOR
RANDY MCGOWAN, VICE PRESIDENT, TECHNICAL OPERATIONS
ALEX SCHARF, PRODUCTION ASSET MANAGER
SUSANA LOU, DIGITAL ASSET COORDINATOR
MITCH BELL, VICE PRESIDENT, PHYSICAL PRODUCTION
DAVID GRANT, VICE PRESIDENT, PHYSICAL PRODUCTION
ALEXIS AUDITORE, MANAGER, PHYSICAL PRODUCTION

JOHN NEE, PUBLISHER
DAVID BOGART, SVP OF BUSINESS AFFAIRS & OPERATIONS, PUBLISHING & PARTNERSHIP
TOM BREVOORT, SVP OF PUBLISHING
DAN CARR, EXECUTIVE DIRECTOR OF PUBLISHING TECHNOLOGY
SUSAN CRESPI, PRODUCTION MANAGER
DAN EDINGTON, MANAGING EDITOR
ALEX MORALES, DIRECTOR OF PUBLISHING OPERATIONS
STAN LEE, CHAIRMAN EMERITUS

어벤저스: 인피니티 워 아트북
The Art of Avengers: Infinity War

1판 1쇄 발행 2019년 4월 10일
글 엘레니 루소스
번역 김민성
감수 김종윤(김닛코)
펴낸이 하진석
펴낸곳 ART NOUVEAU
주소 서울시 마포구 독막로3길 51
전화 02-518-3919
팩스 0505-318-3919
이메일 book@charmdol.com
신고번호 제 2016-000164호
신고일자 2016년 6월 7일

ISBN 979-11-87824-63-3 03680

MANUFACTURED IN KOREA

1쪽 제 / 2-3쪽 맨드라지예프 ■ 메너딩 ▶

우주 전역에는 마인드 스톤, 소울 스톤, 리얼리티 스톤, 스페이스 스톤, 타임 스톤, 파워 스톤, 총 6개의 인피니티 스톤이 뿔뿔이 흩어진 채 숨겨져 있다. 각 인피니티 스톤은 제각기 강력한 속성을 가지고 있는데, 이 스톤들을 하나로 모으면 그 주인은 무한한 힘을 얻게 된다. 수많은 사람들이 자신의 목적을 위해 이 스톤을 찾고 있는 동안 타노스 역시 자기 자신이 가장 고귀한 목적이라 생각하는 바를 이루기 위해 인피니티 스톤을 모은다. 그것은 바로 우주의 자멸을 막기 위해 우주의 생명체 중 절반을 말살한다는 것이다.

마블 시네마틱 유니버스의 영화 제작자들은 2011년 이래로 위와 같은 줄거리를 정교하게 풀어왔다. 팬 여러분이 언제나 눈치채진 못했지만, 인피니티 스톤들은 〈어벤져스: 인피니티 워〉까지 이르는 18편의 영화들 중 10편에 등장했다. 그리고 타노스는 이 스톤들을 모두 모은 다음 손가락을 한 번 튕겨서 자신의 궁극적인 계획을 이루려 한다.

"타노스는 첫 번째 어벤져스의 엔딩 크레딧이 올라가던 당시부터 우주의 그늘 뒤에 도사리고 있었습니다. 어쩌면 그 이전부터 기다리고 있었을지도 모르죠." 마블 스튜디오의 사장 겸 총괄 제작자, 케빈 파이기는 말했다. "그는 지금껏 마블 영화 다수에서 등장했던 이 인피니티 스톤들을 손에 넣기 위해 MCU에서 벌어졌던 거의 모든 굵직한 사건들에 개입했습니다. 처음에 테서랙트라고 소개된 유물은 나중에 스페이스 스톤이었던 것으로 드러납니다. 마인드 스톤은 원래 로키의 창에 들어 있다가 비전의 이마로 옮겨갔죠. 타임 스톤은 닥터 스트레인지가 착용한 장신구인 아가모토의 눈으로 먼저 소개되었다가, 나중에 이것도 인피니티 스톤이었다고 밝혀집니다. 물론 가디언즈 오브 갤럭시가 파워 스톤을 둘러싼 갈등을 해결하는 것도 똑똑히 확인할 수 있었죠. 이렇듯 인피니티 스톤들은 모든 영화들에 배분되어 오로지 줄거리의 진행만을 담당하는 맥거핀적 요소를 맡아주었습니다. 또한 영화가 끝난 후에도 이런 역할을 계속 수행하면서, 결국 우리가 가장 처음에 구상했던 아이디어를 실현하기 위해 하나로 합쳐집니다. 현 시점에서 스톤들이 하나로 모이기 시작한 과정을 보는 것은 정말 흥미로운 일이죠."

"인피니티 스톤들은 마블 프랜차이즈의 영화 곳곳에 분산된 채, 세계관 전체를 정말 견고하게 결합하는 역할을 해주었습니다." 공동 감독 앤서니 루소가 말했다. "이런 방식을 통해 타노스는 인피니티 스톤을 모으는 과정에서 마블의 모든 등장 캐릭터들과 연관을 맺게 됩니다."

하지만 인피니티 스톤의 옛 소유자들과 달리, 타노스는 스톤들의 위력을 완전히 새로운 수준으로 끌어낼 수 있는 캐릭터다. "인피니티 스톤은 지금껏 그 진정한 힘을 제대로 이해하지 못한 자들의 손에 잘못 사용되어 왔습니다." 공동 작가 크리스토퍼 마커스가 말했다. "이제 인피니티 스톤의 진정한 주인인 타노스가 등장했으니, 우리는 스톤들의 진정한 힘을 볼 수 있을 것입니다. 여기서 문제는 여러분도 상상하다시피 누군가 이런 엄청난 힘을 손에 넣는 순간, 영화의 스토리를 수습할 수가 없단 것입니다. 시간, 공간, 현실, 마음과 영혼, 그리고 힘조차 모두 지배하는 자에 대항해봤자 대체 무슨 승산이 있겠습니까? 필요하다면 갈등 전체를 아예 처음으로 되돌려버릴 수도 있을 텐데 말입니다. 그러니 극적인 구조를 구성하기 위해서라도 타노스가 인피니티 스톤을 손에 넣는 과정에 수많은 고난을 배치하거나, 아니면 그중 하나를 정말 멀리 떨어진 곳에 배치해야 합니다."

하지만 전지전능한 캐릭터라고 해서 반드시 매력적이지는 않는 법이다. 〈어벤져스: 인피니티 워〉에서는 타노스의 배경 이야기를 다루면서, 이 매드 타이탄의 내면에서는 과연 어떤 일이 일어나고 있는지 관객들에게 선보인다. "이 영화의 제작 과정에서 마주쳤던 난관 중 하나는 관객들이 타노스의 목표와 그 이유에 대해 공감하지는 않더라도 최소한 개연성 있게 이해할 수 있도록 만드는 것이었습니다." 공동 각본가 스티븐 맥필리는 말했다. "그래서 타노스의 배경 이야기와 그의 동기에 대해 다루었습니다. 타노스가 추구하는 목표의 본질

은 우주의 균형을 다시 맞추는 것, 곧 우주 전체에 살고 있는 생명체의 절반을 말살하는 것입니다. 하지만 타노스가 지금껏 오랜 세월 동안 실행했던 방식처럼 직접 군대를 이끌고 행성을 하나씩 침공하면서 위 목표를 이루기란 정말 어렵습니다. 그래서 타노스는 자신의 목표를 손가락을 한 번 튕겨서 이룰 수 있게 해준다는 인피니티 스톤에 대해 알게 되자, 이 스톤들을 모으는 걸 지상 과제로 삼습니다. 〈어벤져스: 인피니티 워〉는 그 과정을 보여주는 영화입니다."

그러자 MCU의 수많은 캐릭터가 타노스를 저지하려 하며, 대다수는 처음으로 한 화면에 함께 등장하게 된다. 전 세계 팬들이 열광할 만한 부분이다. "크리스 프랫이 톰 홀랜드와 로버트 다우니 주니어와 처음으로 함께 등장하는 장면을 촬영할 당시에는 제작진 사이에서도 흥분이 감돌았어요." 파이기가 말했다. "정말 놀라운 광경이었죠. 토르를 연기한 크리스 헴스워스가 가디언즈 오브 갤럭시와 처음 만나는 장면에서도 그랬어요. 서로 다른 프랜차이즈에서 등장한 캐릭터들이 처음으로 호흡을 맞추는 순간을 보고 있자니 정말 뭔가 엄청난 화학적 결속이 느껴지는 것 같았습니다. 여러분도 아시겠지만 이런 순간은 첫 〈어벤져스〉 이후로 거의 느끼지 못했던 것이었어요. 〈어벤져스: 에이지 오브 울트론〉에서는 영화를 전개하면서 새로운 캐릭터들을 소개했었죠. 〈캡틴 아메리카: 시빌 워〉에서도 블랙 팬서와 스파이더맨을 처음으로 소개했습니다. 물론 이것도 정말 굉장하고 엄청났었죠. 하지만 각자의 영화에서 많은 애정을 받았던 캐릭터들이 또 다른 영화에서 처음으로 호흡을 맞추는 광경을 보고 있자니 마음 깊숙한 곳, 정말 인간 본연의 차원에서 만족감이 우러나왔습니다."

"아무래도 이렇게 캐릭터들이 전부 하나되어 호흡을 맞추면서 상호작용을 하는 장면이야말로 〈어벤져스: 인피니티 워〉에서 가장 큰 영향력을 차지하지 않나 싶습니다." 총괄 제작자 트린 트란이 말했다.

영화 제작자들은 영웅들, 악당들, 그리고 인피니티 스톤 외에도 팬들에게 참신한 경험을 제공할 매력적인 줄거리까지 구성했다. "이번 영화에서는 관객들이 지금껏 본 영화들을 바탕으로 이 작품에 몰입할 수 있고 감정적인 공감을 할 수 있도록 만드는 연결점을 찾아내는 게 아주 중요했습니다." 공동 감독 조 루소가 말했다. "그리고 팬 서비스 측면을 보자면 팬 여러분은 다들 서로 다른 것을 원하고 있습니다. 그러니 팬들을 모두 만족시킬 수 없는 셈이죠. 하지만 우리 역시 팬이고 이 영화를 제작하는 걸 아주 좋아합니다. 또한 우리는 지금껏 성장하면서 만화책을 사랑해왔던 팬이기도 합니다. 그러니 우리의 사명은 우리 스스로를 즐겁게, 또 행복하고 신나게 해주었으며 사람들과 기꺼이 공유하고 싶었던 바로 그런 작품을 만들어내는 것이었습니다. 그런 다음에는 팬 여러분 모두가 이 영화를 보면서 우리만큼이나 신나기를 간절히 기도했죠."

물론 팬들은 아주 신났다. 관객들은 우르르 몰려와 역대 흥행의 역사를 다시 써 내려갔다. 〈어벤져스: 인피니티 워〉는 개봉 첫 주 미국에서만 2억 5,820만 달러, 해외에서 3억 8,270만 달러를 벌어들이면서 역대 최고 미국 내수 및 전 세계 오프닝 흥행을 기록했다. 어벤져스의 세 번째 작품은 세계 박스 오피스를 통해 20억 달러가 넘는 매출을 기록했으며, 이는 〈어벤져스: 인피니티 워〉를 포함하여 단 네 개의 영화만이 보여준 기록이다.

흥행 외적인 면을 보면, 팬들 역시 영화의 줄거리에 완전히 매료되었다. 영화의 놀라운 결말은 관객들에게 충격을 던져주었으며, 이제 팬들은 이번 영화에서 살아남은 소수의 영웅들이 과연 속편에서 어떤 활약을 펼칠지 궁금해하고 있다. 현재 2019년 4월 개봉을 목표로 속편이 제작중인 가운데, 팬 여러분은 단연코 어벤져스의 차기작 역시 전작만큼이나 정말 재미있을 거라 기대하고 있다.

FOREWORD
머리말

〈어벤져스: 인피니티 워〉를 주제로 진행되었던 초기 회의에서 케빈 파이기는 내게 이번 신작의 콘셉트 아트가 마블 스튜디오의 영화에서 지금껏 달성했던 한계를 능가하길 바란다고 했다. 내가 제대로 기억하고 있다면 '서사시'라는 단어가 꽤 여러 번 사용되었던 것 같다. 지금껏 10년 동안 진행되었던 수많은 프랜차이즈 속의 캐릭터 60여 명이 한데 등장해서 MCU 최강의 악당에 맞서 싸우며 그 영화적 여정을 총망라한다는데, 다른 어떤 단어가 어울릴 수 있겠는가?

'성취'란 정말 굉장한 단어다. 이 책을 한 장 한 장 넘기면서 지금껏 이어온 여정을 처음부터 되짚어볼 때, 마음속에서 느껴지는 순수한 즐거움이란 도저히 말로 표현할 수 없다. 2006년 당시 필 손더스와 아디 그라노브가 그린 아이언맨의 첫 스케치를 보았을 때, 그리고 현재에 와서 그 무엇에도 비할 데 없는 개성을 자랑하는 마크 50 아이언맨 슈트를 보고는 그 콘셉트가 옛날에 필과 아디의 옛 스케치를 바탕으로 했다는 점을 떠올릴 때의 기분이란 정말이지 영화계에서 쉽게 느낄 수 없는 감정이다. 앤디 박이 제작한 블랙 위도우의 멋진 디자인과 로드니 푸엔테벨라의 역동적인 디자인 시퀀스를 보고 있자면, 찰리 우드의 굉장한 아트부서에서 매 주마다 불가능한 수준의 작업량을 쏟아내며 제작한 작품들이 영화 제작 전체에 동기부여를 해줬다는 점을 생각하면, 지금껏 몇 년간 마블 스튜디오가 보여준 결과물에 열정을 쏟아부으며 활약해온 인재들은 바로 이런 아티스트들이란 생각이 든다. 마블 스튜디오 아트북의 책장에는 이런 이야기들이 수도 없이 서려 있다. MCU의 프로젝트에 투입된 아트스트들이 거대하고 강렬한 이야기를 풀어내겠다는 일념하에 만들어낸 놀라운 아트들이다. 그래, 성취감까지 느껴지는 결과물이다.

시각 효과 개발팀의 우리 모두는 언제나 최고의 품질을 자랑하는 결과물을 내기 위해 최선을 다했다. 이는 단순히 팬 여러분이 만족할 만한 캐릭터를 만들기 위해서만이 아니라, 감독과 제작자들이 MCU의 각 작품들에서 구현하고자 하는 멋진 줄거리를 만들기 위해서이기도 하다. 루소 형제, 케빈, 루이스 데스포지토, 그리고 빅토리아 알론소는 우리가 짜낼 수 있는 최대한의 노력과 재능을 쏟을 만한 동기를 제공해준다. 이들은 마블이 새로운 영화를 제작할 때마다 계속해서 더 높은 기준을 요구했으며, 우리 역시 끊임없이 높아져가는 기준치에 도전할 수 있는 기회가 주어졌다는 사실에 감사하고 있다. 이 세 사람에게는 우리가 단순히 이처럼 신화적인 작품을 만들 수 있도록 독려한 것뿐만 아니라 그 작업 과정에서도 성취감을 느낄 수 있도록 해준 점에도 감사하고 싶다.

여러분도 앞으로 이어질 책 내용을 재미있게 즐기길 바란다.

RYAN MEINERDING
라이언 메이너딩

ATTACK ON THE STATESMAN

타노스가 오고 있다. 그는 잔다르의 노바 군단이 보관하고 있던 인피니티 스톤인 파워 스톤을 탈취한 다음, 이 보라색 보석에 견줄 만한 또 다른 보물을 찾고 있다. 로키는 테서랙트 속에 숨겨져있던 스페이스 스톤을 빼돌린 채 아스가르드인들의 피난선인 스테이츠맨호에 탑승했다. 이 푸른 보석으로 우주 어디로든 통하는 웜홀을 만들 수 있었기에, 매드 타이탄은 여정의 다음 목표로 스페이스 스톤을 지목한다.

타노스는 자신의 아이들인 콜버스 글레이브, 프록시마 미드나이트, 에보니 모, 그리고 컬 옵시디언과 함께한다. 그의 아이들은 타노스의 열망을 실현하고, 그 앞을 막아서는 자는 주저 없이 누구든 파멸시키기에, 타노스의 계획을 실현하는 데 핵심적인 역할을 해줄 것이다.

THANOS 타노스

우주의 시초부터 지금까지 인피니티 스톤을 자신의 입맛대로 사용하던 존재들은 많이 있었지만, 타노스는 이 인피니티 스톤 모두를 오직 한 가지의 목적에 맞춰 사용하고자 한다. 바로 우주의 생명체의 절반을 절멸하여 우주를 자멸의 위기로부터 구해내겠다는 것이다. 매드 타이탄은 지금껏 자기가 움직이는 대신 다른 자들을 조종하여 인피니티 스톤을 모으려 했지만, 이런 시도는 그다지 성공적이지 못했다. 이제 타노스는 자신이 직접 나서서 목표를 성취하기로 결심했다.

"타노스를 MCU 속에 존재했던 사상 최강의 악당으로 … 만드는 작업은 정말 굉장했습니다."

"타노스를 정의하는 작업은, 그러니까 타노스를 MCU 속에 존재했던 사상 최강의 악당으로 만들어서 지금껏 10년 동안 이어온 이야기에 어울리도록 만드는 작업은 정말 굉장했습니다." 마블 스튜디오의 시각 개발팀장, 라이언 메이너딩이 말했다. "타노스에게 생명을 불어넣는 이 작업에서는 정말 자부심이 느껴집니다. 타노스의 두 눈에서 빛나는 조시 브롤린의 연기는 정말 놀라운 흡인력을 자랑하며, 그가 이 영화의 실질적인 주인공이자 자신의 목표를 이루었다는 사실은 거의 정신이 쏙 빠질 정도로 굉장했습니다.

타노스는 인피니티 스톤을 모두 모으겠다는 계획을 진행하면서 너무나 강력해지기에, 점점 더 침착하고 확신도 강해지는 데다 이성적인 마음가짐을 갖게 됩니다. 심지어 영웅들을 굳이 죽여야 한다는 생각조차 하지 않아요. 어차피 스톤을 다 모으고 나면 자신이 원하는 바를 이룰 수 있으니 말입니다. 우리의 작업도 그 시점의 타노스부터 시작되었습니다. 좀 더 간소한 모습의 타노스를 원했어요. 어차피 인피니티 스톤을 두 개 이상 확보한 시점부터는 갑옷조차도 필요가 없어질 테니 말입니다.

그래서 타노스의 원작 복장 느낌이 첨가된 간소한 모습을 만들어내려 했습니다. 살짝 장엄한 느낌이 나되 갑옷을 무장하지는 않은 생김새였죠. 루소 형제와 케빈 파이기는 금색 목깃의 푸른색 셔츠를 입은 티노스를 선택했어요."

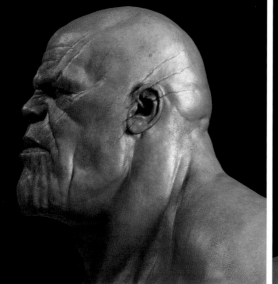

"두상 디자인의 경우에는 처음에 도안 디자인을 마친 다음 승인을 받으려고 했는데, 케빈이 더 개선해보라고, 더 자세하게 묘사하고 마무리해보라고 계속 요구하는 겁니다." 메이너딩이 말했다. "그래서 결국 더 작업했죠. 제가 지금껏 3D로 작업한 결과물 중에 가장 높은 해상도를 자랑하는 두상을 만들어냈습니다. 이 두상이 참 지랑스러워요. 시각 효과팀이 곧상 가져다 사용할 수 있는 수준이었다니까요.

물론 화면 속의 타노스에 생명을 불어넣는 데는 그 두상으로 재해석된 조시 브롤린의 연기가 큰 역할을 했고, 또 시각 효과팀에서도 타노스의 얼굴이 좀 더 조시 브롤린을 닮도록 수정을 했죠. 하지만 어쨌든 내 작업물은 해당 작

업의 80~85퍼센트를 이미 다 마친 채로 제출된 것이나 다름없었거든요. 그래서 추가 작업을 많이 할 필요가 없었을 겁니다."

타노스의 얼굴에 집중한 디자인은 예상치 못한 이점도 가져왔다. "타노스의 투구를 벗겨야 하니 연기가 정말 잘 표현되어야 했어요." 메이너딩은 말했다. "원작에서도 타노스의 상징이나 다름없는 투구를 씌운 다음 절대 벗기지 않는 잔머리를 쓸 수가 없었던 거예요. 그러니 3D 캐릭터 제작 역사상 가장 사실적으로 보일 공간 디자인을 어떻게 렌더링할지 생각해내야 했죠. 그리고 그 결과물은 정말 놀라웠는데, 꼭 제가 이걸 다 만들어낸 것만 같았어요."

■ 메이너딩

타노스의 디자인에는 위압감이 여실히 드러나며, 인피니티 스톤을 얻을 때마다 점점 변화하는 모습도 보여준다. "타노스에게 옷을 입히는 작업이란 정말 재미있는 도전이었어요. 인피니티 스톤을 모으면서 더 이상 갑옷조차 필요 없을 정도로 강력해졌을 때 걸치게 될 의상이라니, 생각나는 아이디어를 모두 시험해봐야만 했거든요." 콘셉트 아티스트 웨슬리 버트가 말했다. "아마 타노스는 좀 더 철학적인 면모를 보이게 될 것 같으니 그런 모습을 드러내는 옷을 입혀야겠죠. 그러니 좀 더 부드러우면서도 펑퍼짐한 의상을 구상하되, 전체적으로는 여전히 SF적이면서 첨단 기술적인 느낌을 줄 수 있어야 했어요. 덕분에 다양한 의상들의 형태나 질감에 신경을 많이 썼죠. 단순하고 간결한 디자인이라면 타노스에게 좀 더 자연스러울 것 같았고, 또 피부의 거친 질감과 대비되는 디자인을 통해 흥미로운 모습을 나타낼 수 있는 기회일 것 같았어요."

◀ 메이너딩　■ 버트

"영화 시작이나 과거 회상 장면에서 나오는 타노스의 갑옷 착용 모습은 원작 만화 버전의 타노스를 오마주할 만한 좋은 기회였기 때문에 색상이나 디자인 미학적인 분석을 많이 논의했어요." 버트가 말했다. "금속과 장갑 같은 구조나 질감을 통해 SF적인 느낌을 주면서도 좀 더 복잡하고 현실적으로 보이는 표현을 할 수 있는 기회였고 타노스의 파괴적이고 압도적인 윤곽선이나 위협적인 모습도 만들어낼 수 있었죠."

버트 ■ 스타웁 ▶

타노스는 CG 작업을 통해 만들어진 캐릭터지만, 그 연기는 온전히 배우가 진행한 것이다. "조시는 세트에서 연기를 하고 있어요." 마블 스튜디오 부사장 루이스 데스포지토는 배우 조시 브롤린을 가리켜 말했다. "모션 캡처용 슈트를 입고 모션 캡처용 카메라를 몸에 설치했죠. 그러니 단순히 표정과 얼굴 연기뿐만 아니라 시선과 목소리까지 모두 담아낼 수 있습니다. 실제로 살아있고 재능 있는 배우가 가장 강력한 악당을 표현해내고 있는 것이죠. 그것 덕분에 이 작업이 정말 재미있다고 생각합니다. 언제나 자신의 연기로 특수 효과를 주도하거든요.

제가 조시와 처음 만나서 타노스라는 캐릭터에 대해 이야기했을 때 조시는 정말 많이 기대를 한 것 같았어요. 조시의 흥분을 가라앉힌 다음 이제 어떻게 작업을 진행할지 이야기를 나눴죠. 그가 말하길, '세트장 연기에 최대한 자주 참여해야 되겠는데요.'라고 하더라고요. 조시가 타노스라는 캐릭터에 몰입하고 심취해 있는 모습을 보고 있으면 정말 놀라웠어요. 배우 자신조차 믿지 않는 연기는 관객도 믿지 않아요. 그런데 조시는 진심으로 그런 신념을 담아낸 연기를 했단 말이죠. 거의 소름이 끼치는 수준이었어요."

메란츠 ▲ 메이너딩 ▶

"타노스는 우주를 고치려는 겁니다." 브롤린이 말했다. "우주의 균형을 맞추기 위해서는 정말 많은 것을 파괴해야만 한다는 것이죠. 그러니 타노스에게는 전사의 면모는 물론, 오두막 장면에서 보여준 면모도 존재하는 겁니다. 제 개인적으로는 오두막의 타노스를 좋아합니다. 훨씬 현실적인 모습이니까요. 자신이 계획했던 목표를 성취했다는 사실에 완벽하고 완전한 만족감을 느끼고 있으니 말입니다."

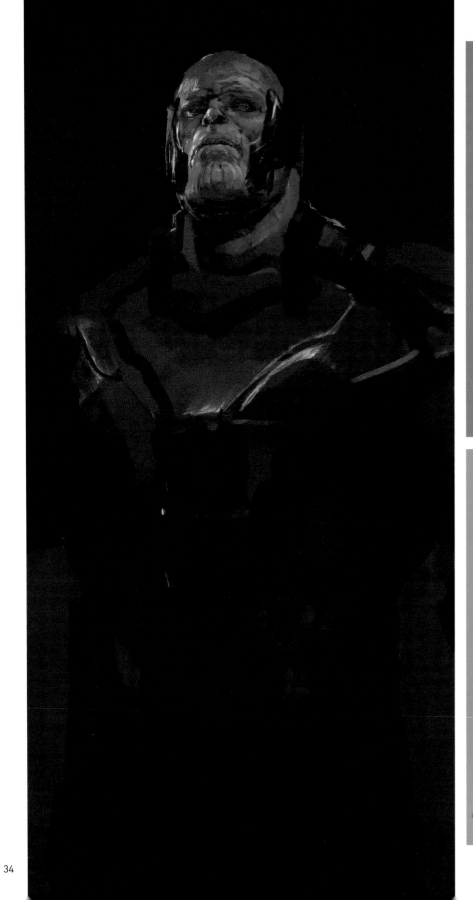

스위트 ■

■ 스위트

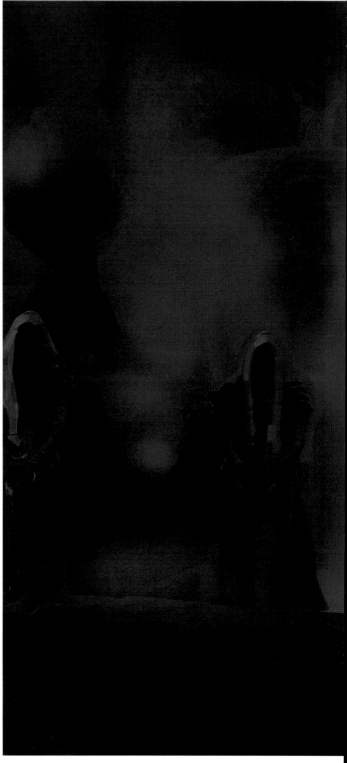

"타노스는 사실상 패배할 수 없는 인물입니다." 공동 감독 조 루소가 말했다. "균형을 맞춘다는 명분으로 우주 곳곳의 행성들을 누비면서 별에 살고 있던 주민들의 절반을 쓸어버렸죠. 그러다가 그는 인피니티 스톤에 대해 알게 되고, 곧 이 스톤들을 모두 모으면 자신이 우주를 통제할 수 있단 사실을 깨닫습니다."

"타노스는 사실상 패배할 수 없는 인물입니다."

인피니티 스톤들의 힘을 모두 담아 통제할 수단은 바로 타노스의 인피니티 건틀렛이다. 영화 〈토르: 천둥의 신〉의 이스터 에그에서는 인피니티 건틀렛 중 하나(타노스가 착용한 건틀렛은 아니다.)가 오딘의 금고에 보관되어 있는 것으로 등장했었지만, 〈토르: 라그나로크〉에서 헬라에 의해 모조품에 불과했다는 사실이 밝혀진다.

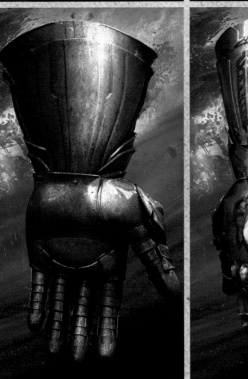

◀ 스위트　■ 플래터리

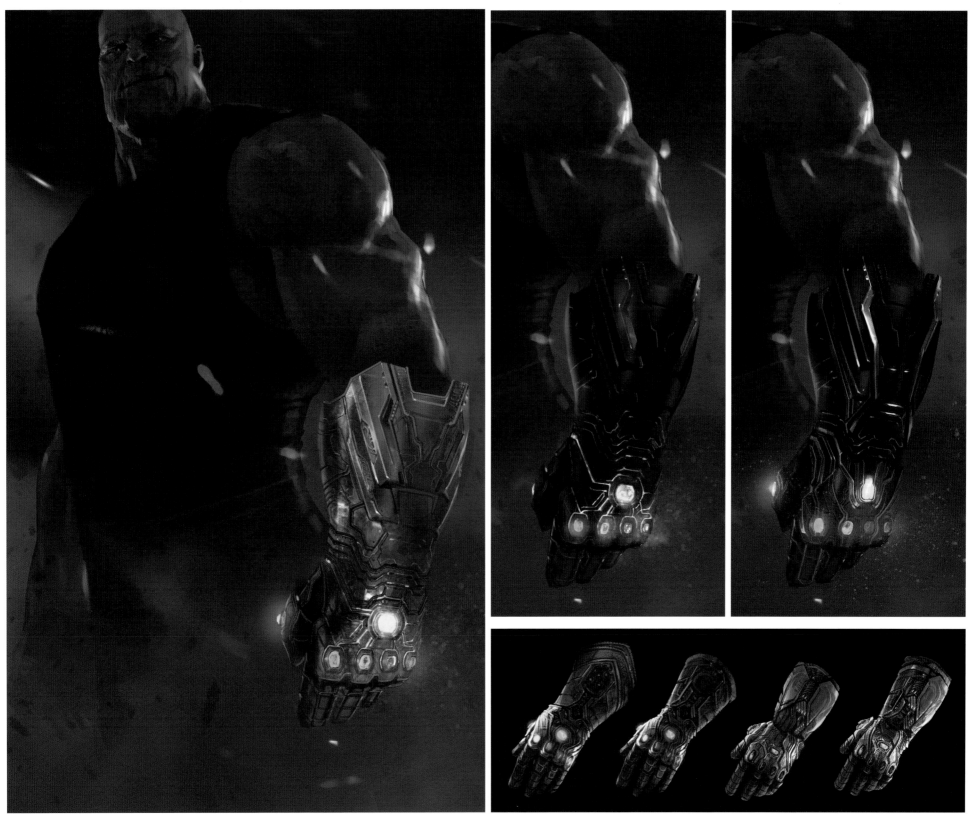

"조시 브롤린은 정말 굉장한 배우예요." 조 루소가 조시 브롤린에 대해 말했다. "조시와의 작업은 정말 놀라운 경험이었습니다. 타노스라는 캐릭터를 정말 입체적으로 만들어주었어요. 그의 의도, 지략, 소시오패스적 성격까지 모두요. 가끔 장면을 촬영할 때 '관객들이 이 신을 어떻게 받아들일지 모르겠네. 캐릭터의 의도가 너무 강렬하고, 맞서야 할 난관도 큰 데다, 너무 비열한 행동까지 보여주잖아. 촬영하기에는 너무 힘든 요소들인데.'라고 생각하며 관람하기가 힘든 장면들이 될 거라고 느껴요. 하지만 이것도 타노스라는 캐릭터에게 반드시 필요한 과정이에요. 최대한 악당처럼 보이도록, 또 영웅들이 직면하게 될 최악의 난관으로 보이도록 만들어야 하니까요."

◀ 브릭롯 ■ 맨드라지예프

EBONY MAW

에보니 모

에보니 모는 타노스의 아이들 중에서 부관을 맡고 있다. 그는 정신 조작과 염력 등의 능력들을 가졌다. 에보니 모는 타노스의 다른 아이들과 달리 폭력적인 힘보다는 정교한 전략을 활용해 목표를 성취하는 쪽을 선호한다.

시각 개발팀은 모를 디자인하는 과정에서 특이한 난관에 직면했다. "에보니 모가 만화책 속에서 등장했던 장면들을 연구하는데, 움직임의 폭이 굉장히 절제되어 있더라고요." 라이언 메이너딩이 말했다. "과장된 반응을 보여주지 않아요. 또 대부분의 경우에는 팔짱을 끼고 있는데 그 손동작만큼은

굉장히 인상적이더라고요. 그래서 손은 약간 더 크게 만들고 복장은 거의 답답한 느낌이 들 정도로 꽉 끼게 해서, 단순한 전사보다는 감독관이나 마법사 같은 느낌을 주었습니다.

두상의 경우, 코가 없는 캐릭터의 디자인은 언제나 도전적입니다. 뭔가 흥미로우면서도 이질적인 존재라는 느낌을 줄 방법을 찾으려 했기에, 눈에 더 많은 집중을 하면서 입에도 묵직한 질감을 주었습니다. 이처럼 관객의 관심을 다른 얼굴 부위로 분산시켜서 에보니 모에게 코가 없다는 사실을 생각할 필요가 없게, 혹은 아예 알아차리지도 못하게 유도했죠."

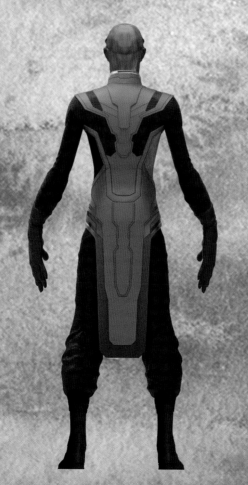

◀ 메이너딩 ▲ 레거시

▲ 메이너딩

레거시 ▲ 랭 ▶

타노스의 또 다른 아이들 중 하나인 컬 옵시디언은 에보니 모의 완벽하게 반대편에 선 캐릭터로, 전략적 사고보다는 자신의 주먹이나 당장 손에 넣을 수 있는 무기를 더욱 선호한다. 또한 아티스트들은 그 지능에 어울리는 신체적 능력을 부여하려 했다. "컬 옵시디언은 타노스의 아이들에 대한 디자인 접근 과정 전체에서도 초기부터 작업했습니다." 웨슬리 버트는 말했다. "타노스의 아이들을 하나의 팀으로 통일시키되, 제각기 개성적인 모습도 표출할 수 있게 만들어주는 요소를 찾으려 했습니다. 컬 옵시디언의 경우에는 엄청난 체구와 신체적 능력이었죠. 초기 디자인 작업에서는 팀 전체에 통일성을 줄 만한 배색을 찾고 갑옷 및 의복에 유사한 디자인 미학을 부여하는 데 집중했습니다. 제작 과정이 어느 정도 진행된 후에 컬 옵시디언을 다시 작업했는데, 이때는 이미 저래드 메란츠와 라이언 메이너딩이 두상의 형태나 팔의 질감, 그리고 반복적인 금속 표면 등 디자인 작업을 어느 정도 진행한 상태였어요. 하지만 의상은 다시 새롭게 접근해서 덩치 크고 강력한 야수보다는 좀 더 자아와 지성을 갖춘 존재로 만들려 했습니다. 현상금 사냥꾼이나 투기장의 투사처럼

싸움에 매우 노련하면서도 첨단 무기로 무장한 캐릭터 말이죠.

제가 최종적으로 만들어낸 컬 옵시디언은 라이언과 저래드가 제작한 두상과 신체 디자인 중 일부를 포함하고 전체적인 형태와 거친 질감도 어느 정도 만화에서 나왔던 모습처럼 조정했으며, 그런 다음에는 최첨단 외계 옷감이나 전리품, 그리고 훈장 등으로 다양한 세부 묘사를 표현한 새로운 의상을 적용했습니다. 어깨 갑옷은 컬 옵시디언이 전투를 치르던 도중 한쪽 어깨에 돋아난 뾰족한 돌기를 잃은 후, 이 부분을 보호하고 겉치장도 할 겸 착용한 것이라는 설정을 상상해냈습니다. 또한 허리띠에 매단 휘장은 예전에 치렀던 장대한 전투에서 위대한 적을 쓰러뜨려 획득한 일종의 기념품이라는 설정을 갖고 있습니다. 체구가 너무 거대해서 사람들 사이에 떡 버티고 서 있으면 아예 지나갈 수도 없는 장벽과 같은데다가, 일단 눈앞에서 마주치면 이게 사람이 아니라 벽이라고 생각할 만한 캐릭터로 만드는 것도 재미있겠다 싶었어요."

■ 버트

메란츠 ■

메란츠 ▲ 메이너딩 ▶

"저는 컬 옵시디언의 초기 작업을 진행했습니다." 콘셉트 아티스트 저래드 메란츠가 말했다. "이 캐릭터의 제작 과정은 몇 번 정도 엎어야 했습니다. 처음에는 보다 야만인 같은 모습으로 디자인했었죠. 훨씬 적은 의복을 입히고 커다란 망치를 들고 있도록 만들었습니다. 신체와 피부만큼은 승인받았다는 점이 꽤 행운이었던 것 같아요. 두상도 몇 가지 만들었는데, 최종적으로 낙점된 두상은 라이언 메이너딩의 작품이었습니다. 정말 굉장해 보였죠. 또 의복도 몇 가지 디자인해서 제시했지만, 결국 웨스 버트가 제작한 멋진 작업물이 최종 선택을 받았습니다."

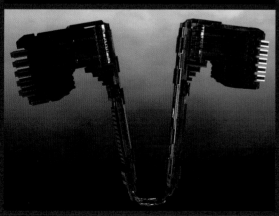

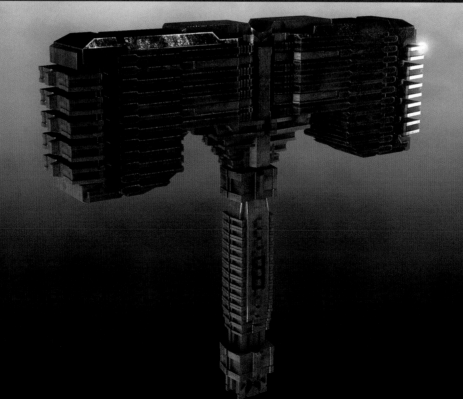

"좀 더 현상금 사냥꾼이나
무기 전문가에 가까운 모습
으로 만들고 싶어 했죠."

"컬 옵시디언의 경우, 처음에는 좀 더 전사 같
은 풍모를 갖추고 있었죠." 메이너딩은 말했
다. "그리고 케빈 (파이기)은 컬 옵시디언을
그냥 거대한 망치를 들고 웃옷을 벗은 녀석
보다는 은근한 분위기를 풍기는 인물로 만들
고 싶어 했어요. 좀 더 현상금 사냥꾼이나 무
기 전문가에 가까운 모습으로 만들고 싶어 했
죠. 그냥 도끼 한 자루 든 덩치가 아니라, 무기
를 자유자재로 바꿔가면서 싸우는 전문가 같
은 느낌으로요."

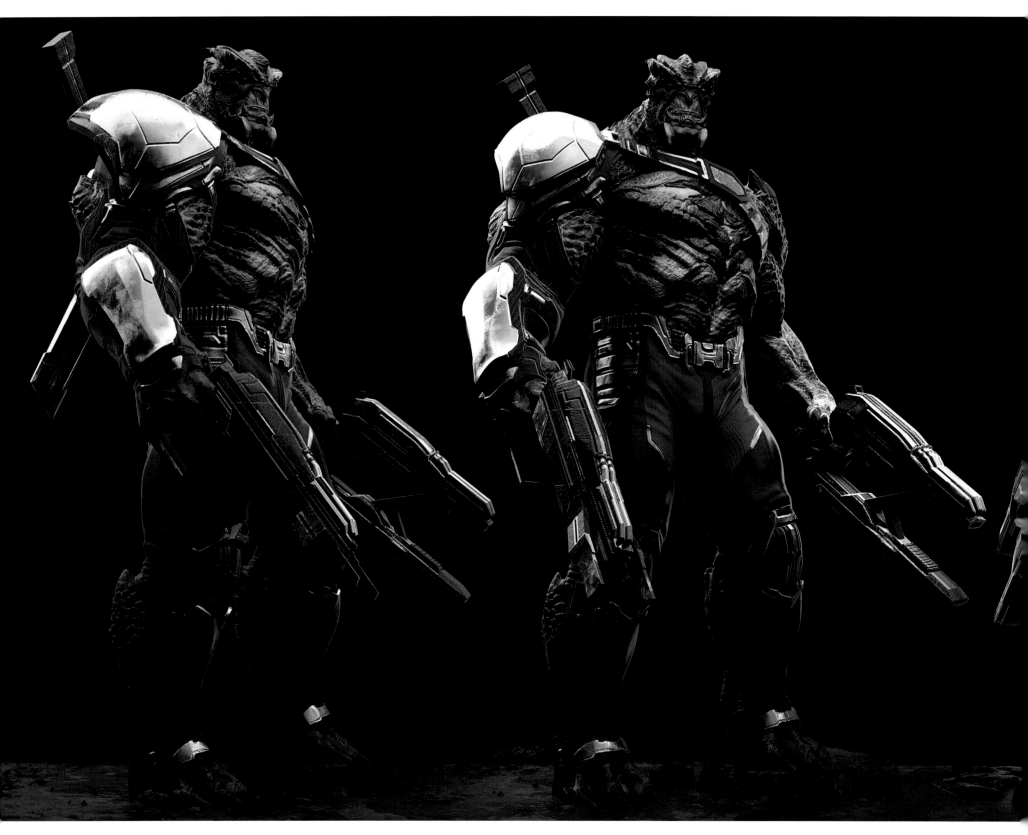

"저는 컬 옵시디언이 극 초반에 진행되는 싸움에서 한쪽 팔을 잃지만, 나중에 일종의 의수나 무기를 달고 다시 등장한다는 사실을 알게 되었습니다." 버트가 말했다. "그래서 다양한 아이디어를 시도해볼 수 있었죠! 검도 시도해보고, 날붙이나 화염 방사기를 수납할 수 있는 기계 팔도 있었고, 다양한 에너지 병기나 방패도 생각해봤고, 망치도 한두 가지 정도 구상해봤어요. 심지어 위에서 언급했던 무기들 전부로 변형할 수 있는 스위스군용 칼 같은 디자인을 해보는 데도 심취했었죠."

▶ 버트 ■

메이너딩 & 로스 ▲ ▶

PROXIMA MIDNIGHT

프록시마
미드나이트

▲ 메란츠

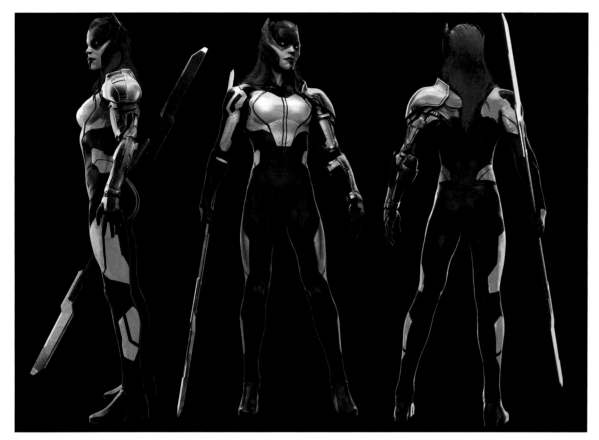

타노스의 아이들 중 홍일점, 프록시마 미드나이트는 창을 애용하며 싸우는 무시무시한 전사다. "프록시마는 만화책에서의 모습을 많이 본 땄습니다." 저래드 메란츠가 말했다. "프록시마가 영화 속에서 등장할 모습을 디자인하게 되어 영광이었습니다. 처음에는 흑백 배색의 슈트로 이리저리 디자인하다가 과감한 시도를 한번 해보았죠. 장갑을 두른 팔 부분을 아예 갈아 엎어서, 전체 코스튬은 더 노출하면서도 이 팔이 마블에서 자주 등장한 기계 의수가 아니라 완갑으로 무장했다는 걸 분명하게 보여주는 방향으로 수정했죠. 완갑은 타노스가 〈가디언즈 오브 갤럭시〉에서 입었던 갑옷을 기반으로 삼고, Z브러시로 디자인한 것입니다. 이 디자인은 검토를 단번에 통과했어요. 또한 전체적인 균형을 맞추기 위해서 반대쪽 다리에도 장갑을 추가하기로 했죠.

제가 프록시마에게게 바꾼 것 중 가장 중요한 부분은 검은색 머리 장식을 이마에서 돋아난 뿔로 바꾼 것입니다." 메란츠는 말했다. "프록시마의 장식이 헬라의 머리 장식과 비교될 수도 있겠다는 걱정이 많이 나와서, 이 부분을 뿔로 바꿔버리는 독특한 방식을 통해 다시 디자인했습니다. 그리고 애덤 로스는 이 디자인을 3D로 정말 굉장하게 구현해냈어요. 아마도 프록시마의 뿔을 가장 자랑스러워하는 사람은 저일 겁니다. 첫 검토를 받을 때 던졌던 아이디어였고, 이게 진행되는 과정을 보면서 굉장히 신났었거든요. 이 뿔이 프록시마에게 독특한 개성을 주면서 마블의 다른 캐릭터들과 차별화를 시켜준다고 생각해요."

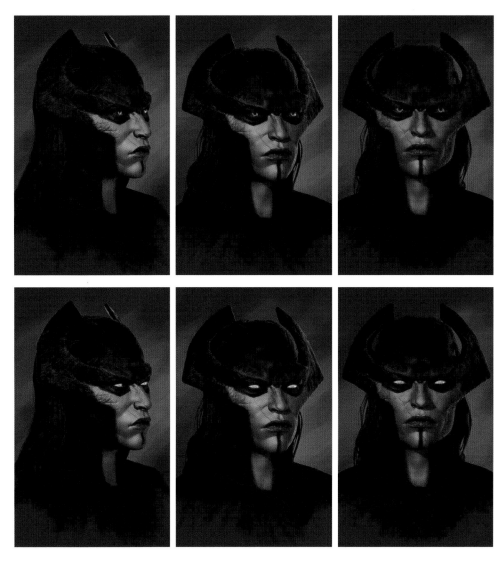

"프록시마 미드나이트의 두상은 정말 다양한 곳에서 가장 많은 의논을 낳았던 디자인이었어요." 메이너딩이 말했다.

"저는 캐릭터에게 강인하다는 인상을 심어주고 싶었어요."

"사람들은 프록시마의 디자인에 정말 많은 것을 담아내고 싶어 했죠. 저는 캐릭터에게 강인하다는 인상을 심어주고 싶었어요. 심지어 마무리 단계에 들어가느라 디자인은 더 이상 건드리지도 않던 시점에 말이죠. 모두가 만족할 때까지 정말 많이 바꿨기 때문에, 실제로 프록시마를 정말 멋지게 마무리해준 사람은 아마 시각 효과팀이 아닐까 생각합니다."

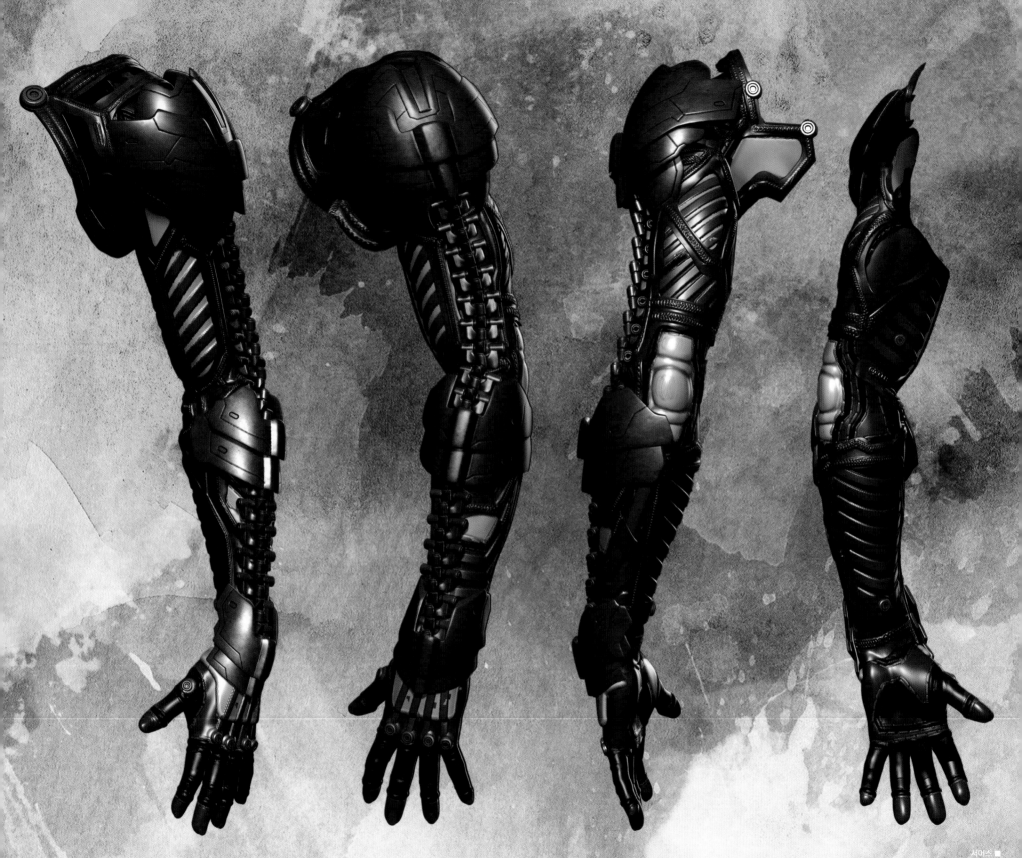

■ 서머스

프록시마 미드나이트가 사용할 무기의 선택도 처음에 생각한 것보다 훨씬 더 복잡한 문제였다. "프록시마의 창은 첨단 기술로 제작한 것입니다. 에너지가 깃들어 있어요." 소품 총괄 담당자 러셀 보빗이 말했다. "프록시마가 쓰는 창의 한쪽 끝은 삼지창이고, 반대쪽 끝도 칼날 하나로 이루어져 있죠. 여기 얽힌 아이디어가 뭐냐면, 삼지창으로는 자신에게 가해지는 에너지를 창에 흡수한 다음 칼날이 붙은 쪽으로 창을 돌려서 흡수한 에너지를 내뿜는 거였어요. 그러니까 마치 로켓 엔진의 원리처럼 에너지가 삼지창 쪽을 통해 투입된 다음, 칼날이 붙은 방향으로 방출하는 셈이죠. 전자석이 전기를 한쪽에서 다른 쪽으로 밀어내는 과정을 생각해보세요. 우린 여기에 번개 효과만 추가한 겁니다. 초등학교 과학 시간에 배웠던 제이콥의 사다리*를 생각해보면 됩니다. 이렇게 에너지를 받은 다음 폭발적인 전기 반응을 유도해서, 흡수한 에너지에 따라서 플라즈마가 됐든 레이저가 됐든 에너지 출력을 만들어내는 겁니다. 그리고 이 창을 조작해서 자신이 만든 에너지를 다시 흡수한 다음, 이걸 탄환이나 기체, 혹은 화염처럼 마음대로 재구성하는 거죠. 또한 프록시마의 외모는 키가 크고 마른 체형이니, 이런 모습을 무기에 그대로 투영해보려 했어요."

* 인접한 두 전도체 사이에서 전기 불꽃을 발생시키는 물건

■ 데 마르티니

CORVUS GLAIVE

콜버스
글레이브

조이너 ■

콜버스 글레이브는 자신의 이름대로 글레이브(Glaive: 언월도)를 사용하며 타노스의 아이들 중 전술 담당으로 활약한다. "저는 괴물이나 공포 영화의 팬이라 콜버스의 작업을 정말 재미있게 진행했습니다." 콘셉트 아티스트 이언 조이너가 말했다. "그는 굉장히 독특한 악당이 될 수 있는 요소들을 충분히 갖추고 있어요. 담당 팀은 이미 강렬한 이미지와 아이디어들을 시도해보았더라고요. 특히 저래드 메란츠는 굉장한 전신 이미지를 디자인했어요. 그래서 저는 이걸 인수인계 받았을 때 주로 안면과 망토에 집중해서 작업을 했죠. 제가 정말로 원했던 한 가지는 콜버스에게 어느 정도 인간성을 부여해서 그저 괴물로만 보이지 않도록, 실제로도 다양한 감정들을 느끼고 표현하는 존재란 점을 보여주도록 만들고 싶었어요."

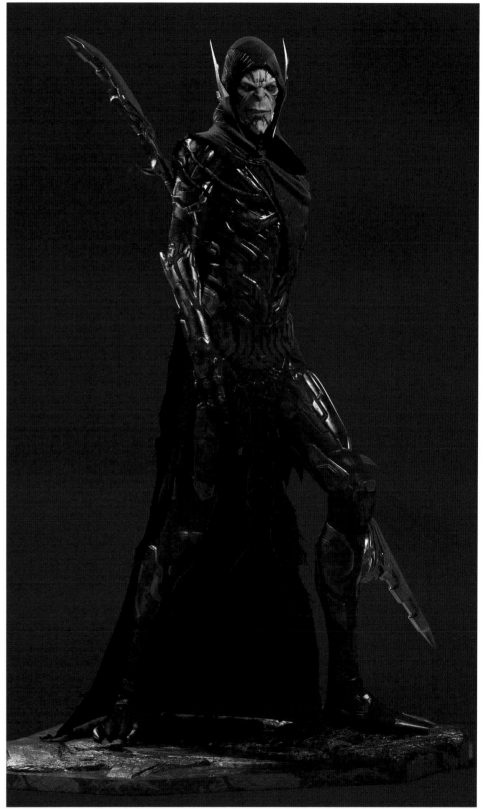

"캐릭터의 안면과 개성 작업은 정말 재미있었지만, 진짜 재미는 다양한 망토들을 디자인할 때였죠." 조이너는 말했다. '첨단 기술의 섬유로 짠 망토가 오랜 시간을 거치면서 낡고 해졌지만, 그렇다고 단순한 누더기는 아니고 독특한 느낌을 주는 옷감으로 변한다.'는 기본 아이디어를 가지고 작업을 하자니 정말 재미있는 도전이었어요. 나중에 콜버스의 축소 모형을 제작하던 과정에서 콘셉트 아트에 나온 세부 묘사를 일일이 넣자니 정말 고역이었다는 소식을 들었습니다. 다들 미안해요!"

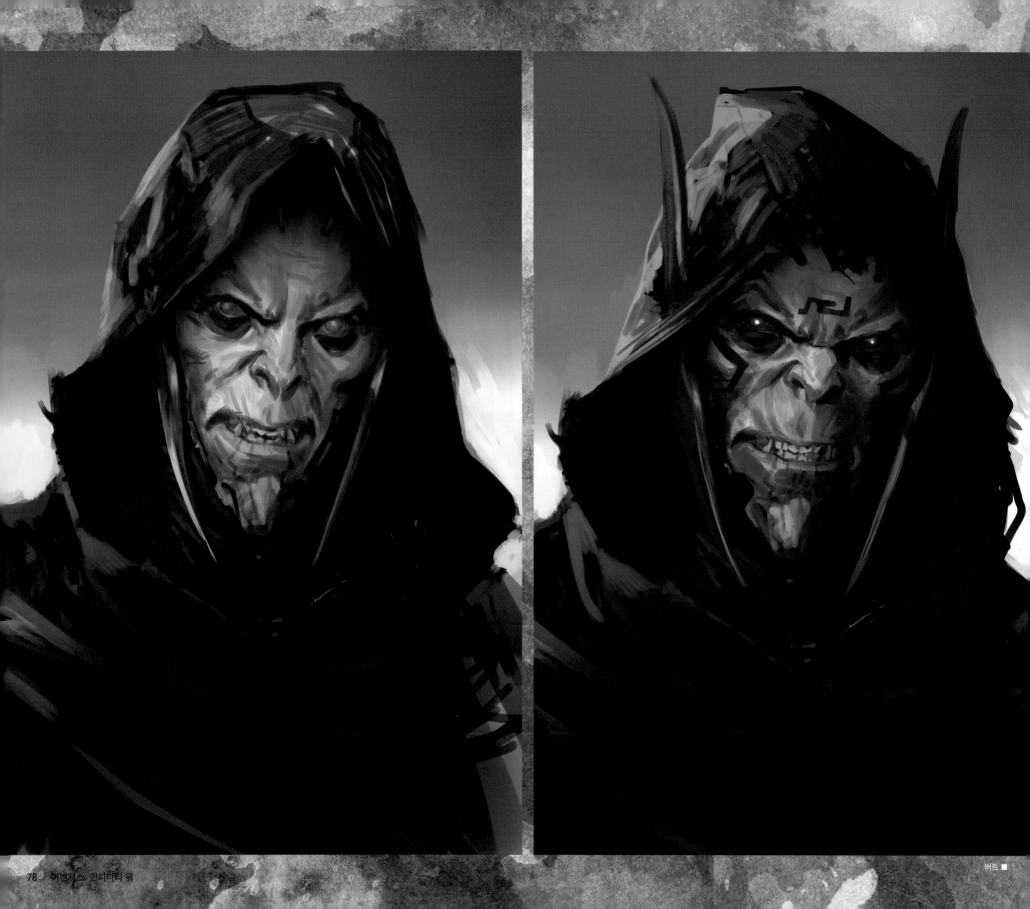

"콜버스는 디자인 과정을 거치면서도 타노스의 아이들 중에서 원작의 모습을 가장 많이 유지한 캐릭터입니다." 웨슬리 버트가 말했다. "외모 값 분석은 쉽게 끝냈고, 영화 속 모습에서 보여줄 멋진 세부 묘사를 하는 데 더 많은 공을 들였어요. 망토에 달린 모자나 두상에 박혀 있는 금속 조각은 캐릭터 디자인에 상당한 개성을 부여해줬기 때문에, 이런 요소를 좀 더 현실적으로 표현할 수 있는 다양한 접근법들을 사용했어요. 원작 만화책에서는 이 금속돌이 그냥 허공에 떠 있는 것으로 묘사되었지만, 여기서는 모자 안쪽을 지탱하는 골조에 붙어 있기 때문에 머리를 감싸는 것처럼 보이도록 디자인했죠.

얼굴은 만화책에서의 모습을 담아내려는 노력도 중요했지만, 그렇다고 너무 우주 흡혈귀 같은 느낌을 줘서는 안됐어요. 얼굴의 특징과 표정을 표현하는 등 다양한 방법들을 통해 콜버스가 외계인 같은 느낌을 주도록 만드는 데 많은 관심을 기울였죠. 그리고 정말 다양한 디자인의 모자와 섬유에 대한 아이디어들을 시험해보았고, 심지어는 이 모자가 머리에 어떻게 씌워질 것인지도 고민해보았습니다."

"제작사는 콜버스의 디자인 과정에서 너무 사악해 보이지는 않을까 꽤 많이 걱정했어요." 메란츠가 말했다. "그래서 정말 수많은 두상들을 탐구하면서 다양한 버전의 외모를 시도해봤죠. 그러다가 만화책의 외모에 굉장히 충실하면서도 외계인 같은 느낌이 드는 선택지들을 만들어냈어요. 콘셉트 디자이너란 원래 선택지를 엄청나게 많이 만드는 직종입니다."

"콜버스 글레이브는 진짜 난관이었어요." 메이너딩이 말했다. "외모를 정말 극단적일 정도로 다양하게 밀어붙여 봤습니다. 캐릭터 자체가 고블린처럼 생긴 바람에, 영화 속에 우주 고블린이나 우주 뱀파이어가 결과물로 나온다면 관객들이 좀 어이없어 할 것 같았어요. 하지만 이언 조이너는 진심으로 그런 외모를 만들어낸 것이더라고요. 결국 전혀 만화 같지 않고 현실적이면서도, 실제로 외계 생물과도 같은 느낌을 주도록 완성되었지만 말입니다. 그런 결과물을 만들기 위해 정말 많은 노력을 들였어요."

◀ 메란츠 ▼ 메이너딩

▲ 메이너딩

"콜버스 그레이브는 아마 제가 타노스의 아이들 중에 가장 좋아하는 인물일 겁니다." 저래드 메란츠가 말했다. "꼭 외계인 저승사자처럼 생겼어요. 처음에 시도했던 이 외모가 검토를 통과했을 때는 정말 신났어요. 만화책에서는 코스튬이 좀 더 굴곡진 체구의 형태를 띠고 있죠. 바디 슈트는 각지고 날카로운 느낌으로 디자인해서, 타노스나 프록시마와 연관이 있는 기술로 만들어진 것이라는 시각적 느낌을 주고 싶었습니다. 슈트의 검은색과 금색 패턴 배색은 제가 작업했던 아웃라이더와도 아주 흡사합니다. 콜버스에만 전념할 수는 없던 노릇이니까요. 영화 작업이 다 마무리된 후에는 제 좋은 친구인 이언 조이너가 또 다른 느낌을 추가하고 콜버스의 두상과 망토를 다시 디자인해서 굉장한 결과물을 만들어냈어요."

■ 메란츠

▲ 슈릴

"전적으로 만화 속 설정으로 만들어진 캐릭터의 디자인 작업을 할 때는 원작 만화책을 살펴보되, 50~60년대나 70년대에 그려진 것 같은 캐릭터를 만들어내지 않게 주의를 기울였어요." 러셀 보빗이 말했다. "그렇게 현대적이고 첨단 기술적인 느낌을 주면서도, 여기에 만화의 설정도 만족하고 뭔가 멋진 외계 최첨단 기술을 기대하고 있을 관객들까지 만족시킬 디자인을 더해주었습니다. 소품 작업은 이렇게 시작됐어요.

그 후에는 본격적인 일러스트레이션 작업에 들어가서 대략 5장에서 45장 정도의 콘셉트 아트들을 그려낸 뒤, 케빈 파이기가 보기에 소품도 괜찮아 보이고, 만화책의 설정에도 부합하며, 관중들도 만족시킬 것 같다는 생각이 드는지 검토를 받았습니다. 일단 관객들이 영화에서 소품을 한 번 봤다면 두 번 생각할 것도 없이 '저건 콜버스의 무기네, 걔가 쓸 수밖에 없어.'라는 판단이 나와야만 했어요. 그래서 제 목표는 언제나 우리 영화 속에서 나오는 뭔가를 봤을 때, 그게 생생하다는 느낌과 제대로 만들어졌다는 느낌, 그리고 마땅한 주인이 있을 거란 느낌을 동시에 주어야 한다는 것이었죠."

▲ 데 마르티니

SANCTUARY II

생츄어리 II

이 시점에는 아직 타노스가 스페이스 스톤을 손에 넣지 못한 상태였다. 따라서 우주를 가로지르기 위해서는 전통적인 수단인 우주선을 이용해야만 했다. 그가 애용하는 운송 수단은 거대한 우주 함선 생츄어리 II로, 〈토르: 라그나로크〉의 쿠키 영상에서 처음 등장한 바 있다.

"생츄어리 II는 타노스의 우주선입니다." 콘셉트 아티스트 로베르토 카스트로가 말했다. "그래서 찰리 우드와 루소 형제는 그 디자인에 타노스의 성격과 힘을 담아내고 싶어 했어요. 생츄어리, 그러니까 성지와 전함 사이에 있는 디자인을 원했기 때문에 공격적이면서도 세련되어야 한다는 두 가지 콘셉트 사이에서 균형을 맞추는 게 상당한 난관이었죠. 이건 비행 요새이자 품위 있는 최첨단 기함이니 말입니다. 또한 이 함선에 기존의 기술을 사용하는 것은 원하지 않았어요. 이렇게 도금 처리라는 방법이 막혀버리니, 함선의 표면을 마무리할 새로운 방법을 찾아야만 했죠. 그래서 생츄어리 II는 마치 고대에 만들어진 유물처럼 생겼어요. 꼭 날아다니는 귀금속 같죠."

카스트로 ▶

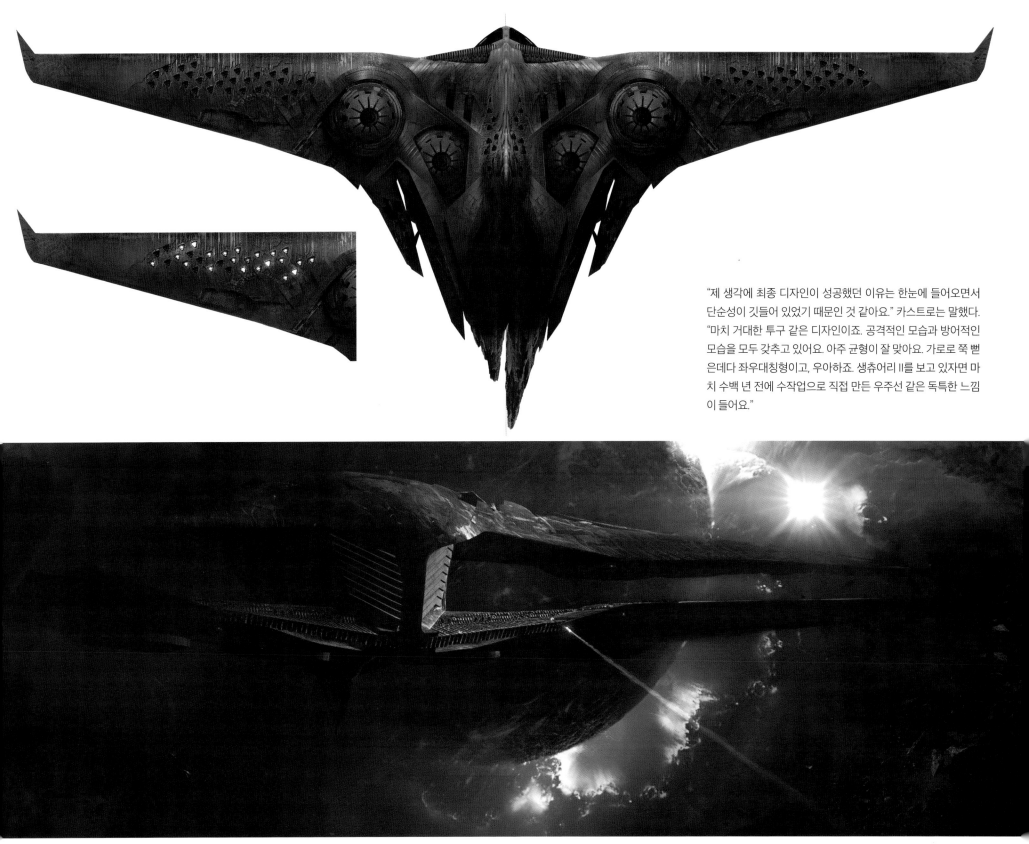

"제 생각에 최종 디자인이 성공했던 이유는 한눈에 들어오면서 단순성이 깃들어 있었기 때문인 것 같아요." 카스트로는 말했다. "마치 거대한 투구 같은 디자인이죠. 공격적인 모습과 방어적인 모습을 모두 갖추고 있어요. 아주 균형이 잘 맞아요. 가로로 쭉 뻗은데다 좌우대칭형이고, 우아하죠. 생츄어리 II를 보고 있자면 마치 수백 년 전에 수작업으로 직접 만든 우주선 같은 독특한 느낌이 들어요."

▲ 위 카스트로 / 아래 톰프슨

THOR

토르

새롭게 왕 위에 등극한 아스가르드의 왕 토르는 어벤져스 전작에서 출연한 이후 고향, 아버지, 망치, 그리고 한쪽 눈 등 많은 것을 잃었다. 이렇게 많은 것을 잃었는데, 앞으로 더 잃을 것이란 상황은 콘셉트 아티스트들이 <어벤져스: 인피니티 워>에서 보여줄 토르의 새로운 모습을 상상할 기반이 되었다. "토르가 이번 영화에서 어떤 모습을 보여줄지 상당히 많은 탐구를 했습니다." 라이언 메이너딩이 말했다. "<토르: 라그나로크>의 결말이나 토르가 모든 것을 잃었다는 점은 꽤 다양한 방향으로 전개될 수 있었습니다. 인피니티 워에서 드랙스가 토르를 보고 마치 천사와 해적이 결혼해서 낳은 자식 같다고 묘사한 것처럼, 토르를 우주 해적처럼 보이게 만들겠다는 생각이 점점 추진력을 얻기 시작했습니다. 굳이 왕과 같은 풍모를 보일 필요가 없었던 거죠. 그래서 토르에게 많은 것을 잃었다는 점을 보여주는 데 중점을 두었습니다. 실제로 자신의 인생에서 너무나 많은 것을 잃었으니까요. 이렇게 캐릭터적으로 많은 것을 상실한 인물이기 때문에, 이 점을 더욱 단순해진 형태의 모습으로 드러내 보여주기로 했습니다."

하지만 토르가 궁극의 무기를 손에 넣은 순간을 위해 약간의 의상 변경이 이루어졌다. "영화의 막바지에서 토르가 마침내 스톰브레이커를 손에 넣고 완전한 힘을 되찾았을 때 두르는 망토의 안감을 검은색으로 만들어보자는 아이디어는 좀 새로웠어요." 메이너딩이 말했다. "제 생각에도 괜찮았어요. 세련되지 않은 표현들을 활용해서 캐릭터의 핵심을 드러내는 것처럼 보였거든요. 정말 좋은 생각이에요."

■ 버트

MCU는 서로 밀접하게 연결되어 있기 때문에, 콘셉트 아티스트들은 아직 화면에 드러나지도 않은 줄거리에도 알맞은 캐릭터 디자인을 종종 만들어내야 했다. "토르의 디자인 접근은 굉장히 재미있었어요." 웨슬리 버트가 말했다. "토르가 라그나로크에서 무슨 일을 겪게 되는지 라이언 메이너딩으로부터 전체적인 브리핑을 받았죠. 망치, 눈 한쪽, 아스가르드 등을 다 잃게 된다고요. 하지만 두 영화의 디자인 작업이 동시에 이루어졌기에, 저는 우선 토르가 과연 위 사건들을 모두 겪은 후에 어떤 모습을 하고 있을지 먼저 상상한 다음, 그 후에 이번 작품의 토르가 겪을 이야기에 어떤 영향을 받을지 생각해보아야 했어요. 그래서 패배한 왕, 혹은 나라와 왕좌를 잃고 방황하는 왕이라는 아이디어가 계속 맴돌았죠. 처음에는 토르가 실제로 입게 될 코스튬의 디자인을 대단히 넓게 접근하는 방향부터 시작해서, 정말 다양한 스타일을 검토해보았습니다. 아스가르드인이라는 속성이 더 잘 드러나는 복장부터 방랑하는 우주 수도승 같은 복장, 영화 〈매드 맥스〉에서 나온 듯한 SF 종말론적 느낌, 심지어는 세련되었으면서 우주적인 느낌을 가진 캐주얼 복장까지도 한번 시도해봤어요. 이 디자인들 중에 몇 가지를 발전시켜서 토르의 옛 모습을 취하되 좀 더 어두워 보이도록 처리했죠. 심지어는 토르가 왕족으로 보이거나 전작의 토르처럼 보이게 만들어주는 밝은 느낌들을 임의로 제거하기도 했습니다. 원판 장식처럼 원래 밝은 은빛 재질로 만들어진 부위는 이제 때가 타고 낡아빠진 구릿빛이나 금빛의 재질로 바꿔서, 토르가 줄거리의 진행에 따라 많은 것을 잃었다는 상실감을 드러내 보이려 했습니다. 저는 원작 만화책에서 등장했던 '고귀하지 않은 토르'의 디자인을 정말 좋아하기 때문에, 토르의 디자인에 사용된 수많은 아이디어들을 강조해보려고 노력했어요. 예를 들어, 복장에서 강렬한 채도를 보여주는 주요 색상은 오직 진한 붉은색만을 사용했고, 이 색상을 망토나 어깨 천처럼 온몸에 좀 더 유기적으로 두른 천 자락을 통해 표현한다든지 하는 방식으로 말이죠."

■ 버트

"이번 토르의 콘셉트 디자인 아이디어 구상은 꽤나 재미있는 도전이었습니다." 선임 시각 개발 아티스트, 로드니 푸엔테벨라가 말했다. "토르는 자신의 여정에서 정말 많은 사건을 겪습니다. 진정한 왕이 되는 방법을 찾아내는 것부터, 타노스가 자신의 백성들에게 저지른 짓을 갚아주기 위해 복수의 길에 오르는 것처럼요."

"새로운 자신을 찾아내려는 … 새로운 토르라는 점을 보여드리고 싶었습니다."

"토르는 자신의 길을 찾고 있으며, 점점 새로운 모습의 자신이 되어갑니다. 그래서 저는 그가 새로운 자신을 찾아내려는, 보다 심각한 모습의 새로운 토르라는 점을 보여드리고 싶었습니다. 여기서 물니르를 잃어버렸다는 점은 일종의 영감으로 작용했습니다. 새로운 토르의 변모를 자극할 만한 촉매로 사용하기에 정말 좋다고 생각했거든요. 토르는 새 무기를 찾기 위한 여정을 떠나니, 이 점도 우주 해적 같은 풍모로 만들기에 좋은 이유라고 생각했습니다. 그는 우리가 전작들에서 보았던 깔끔한 토르가 아니지만, 그렇다고 완전히 방황하거나 유폐를 당한 버전의 토르도 아닙니다. 〈토르: 라그나로크〉에서 보여주었던 것과도 완전히 다른 모습을 주고 싶었기 때문에, 꽁지머리를 비롯해 지금껏 보지 못한 다른 헤어 스타일들을 시도해보기도 했습니다."

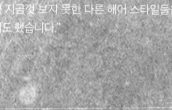

■ 푸엔테벨라

"위쪽 그림들은 좀 더 가볍고 제왕의 모습을 풍기며, 왕이라는 지위를 여유롭게 받아들이는 토르를 구상해본 것입니다." 콘셉트 아티스트 젝슨 제의 말이다. "제 기억이 맞다면 아마 이 아이디어는 토르가 아스가르드인들과 함께 우주를 떠돌던 시점의 토르였을 거예요. 그러니 보다 우주 함장이나 해적 같은 모습을 할 수 있었죠."

"아래쪽 그림들은 좀 더 진중하며, 전통적이고 존중을 담은 태도로 아스가르드의 왕이라는 지위를 받아들이는 모습을 만들어봤습니다. 이 느낌을 전달하기 위해 복장이 좀 더 체계적으로 변했고, 더 전통적인 아스가르드 복식의 느낌을 주기 위해 기다란 직선 표현이나 기타 세부적인 디자인들을 사용했습니다."

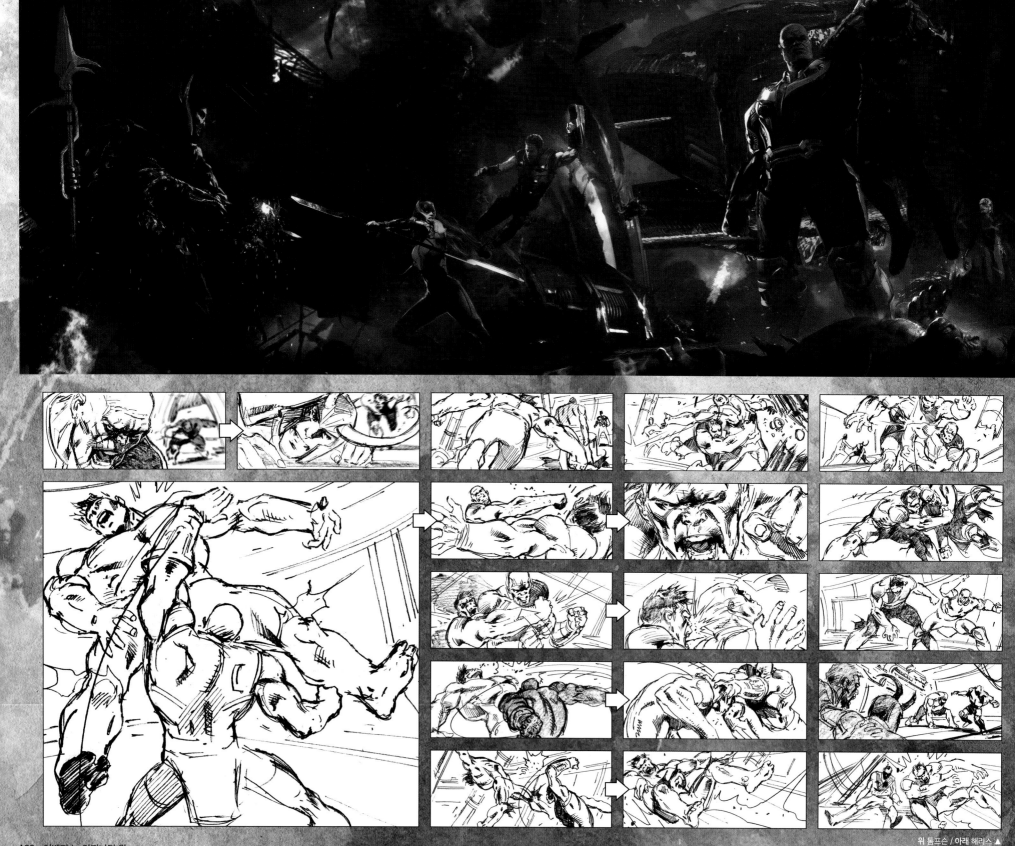

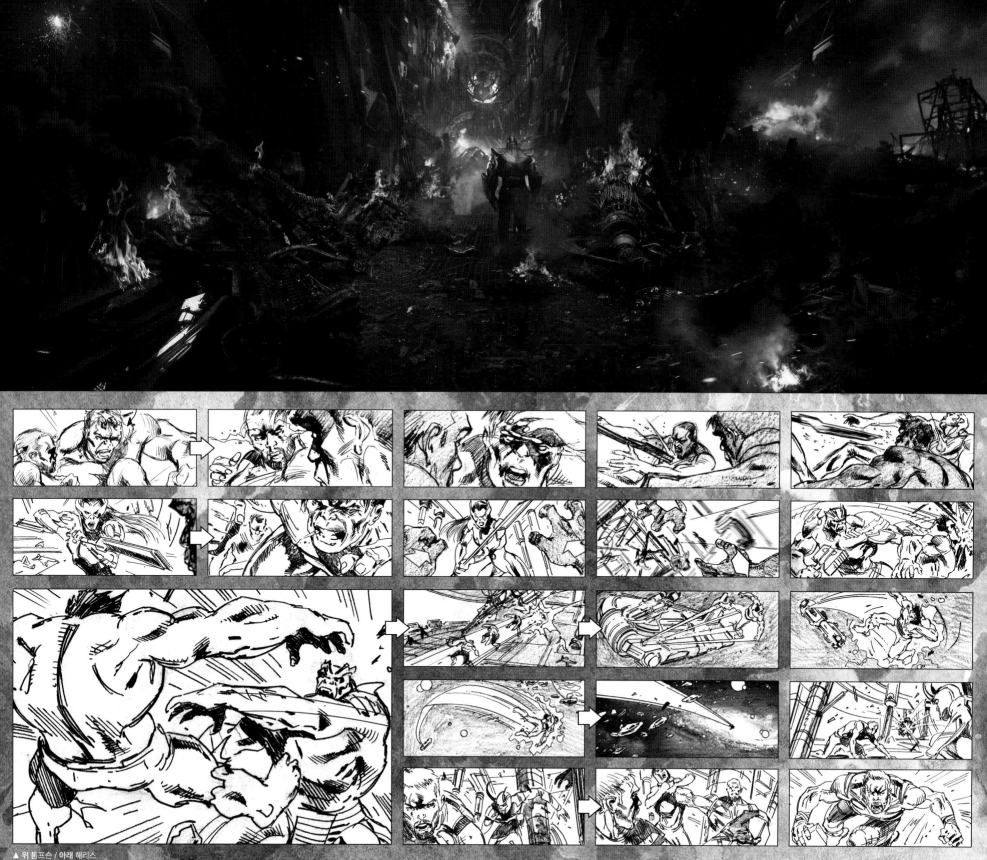

▲ 위 톰프슨 / 아래 해리스

정보 문제에 언제나 신중한 모습을 보였던 마블 스튜디오는 이번 〈어벤져스: 인피니티 워〉를 제작하면서 영화의 유출을 막기 위해 보안을 훨씬 더 강력하게 강화했다. 어느 캐릭터가 살고 죽는지, 이를테면 로키가 제일 처음에 죽는다는 등의 내용은 프로젝트상 반드시 알아야 하는 인물들에게만 공개되었다. "우리는 영화가 시작하면서 로키가 탈출용 포드를 타고 도망친다는 버전의 각본을 만들었습니다." 총괄 제작자 트린 트란이 말했다. "그래서 특정 장면을 촬영할 때면 제작진 중에서 굉장히 헷갈려하는 사람이 나오곤 했어요. 이런 사람들에게는 기존에 읽었던 내용이 가짜 각본이었다는 점을 가르쳐주어야 했습니다."

위 슈릴 / 아래 스타웁 ▲
스타웁 ▶
이전 페이지 스타웁 ■

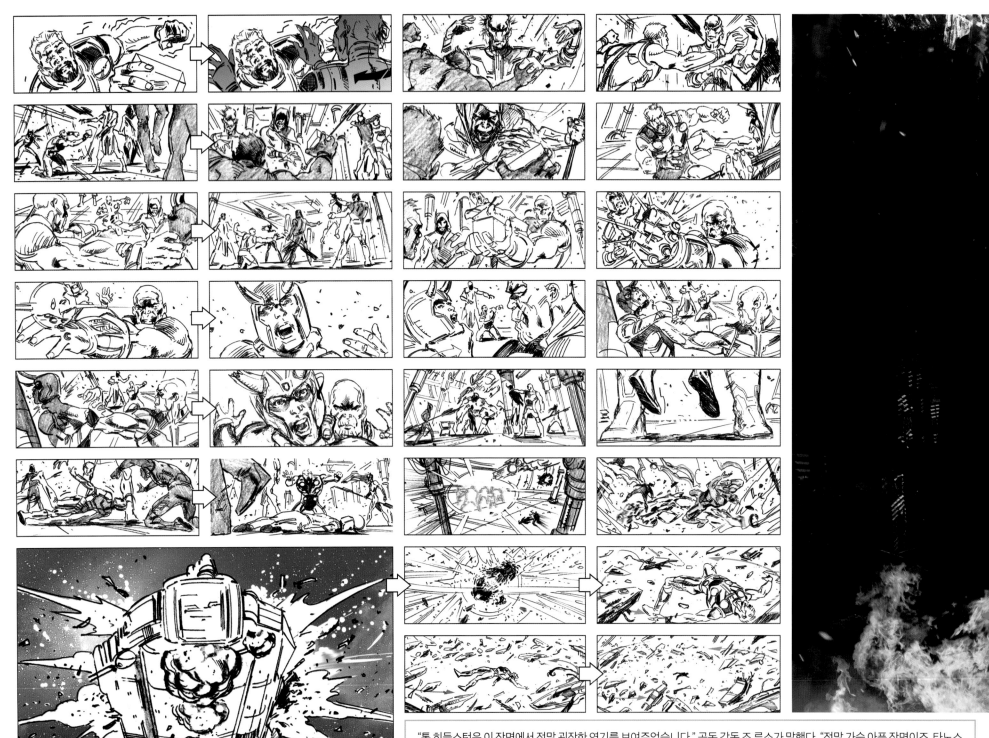

"톰 히들스턴은 이 장면에서 정말 굉장한 연기를 보여주었습니다." 공동 감독 조 루소가 말했다. "정말 가슴 아픈 장면이죠. 타노스는 폭력적이며 잔혹한 인물입니다. 바로 이 시점부터 타노스가 영화 전면에 나서기 때문에 정말 흥미로운 장면이기도 한데요. 일단 갑옷을 벗은 타노스는 자신의 목표를 위협하는 인물들을 제외한다면 가급적 힘을 낭비하면서까지 누군가를 일부러 죽이려 들지는 않는, 일종의 '성전사聖戰士' 같은 인물이 됩니다."

NEW
YORK
GROOVE

뉴욕 사태

타노스와 그의 아이들은 아스가르드인들을 손쉽게 압도했다. 전투는 패배했고 우주의 미래가 위기에 처했으니, 누군가는 우주에 이 매드 타이탄의 계획에 대해 신속하게 경고해야 했다.

아홉 세계를 수호하는 책임을 맡은 천리안의 소유자, 헤임달은 마지막으로 남은 힘을 쥐어짠 암흑 마법으로 바이프로스트를 소환하여 헐크를 다시 지구로 돌려보낸다.

녹색 거인은 뉴욕시의 생텀 생토럼에 추락해, 타임 스톤의 수호자들인 웡과 닥터 스티븐 스트레인지의 앞에 떨어진다. 아가모토의 눈 속에 숨겨져 있는 이 녹색 보석은 과거, 현재와 미래를 조작하거나 바꿔버릴 수 있는 힘을 지녔다. 닥터 스트레인지는 이 고대 유물을 자신의 목에 걸고 다닌다.

지구로 돌아온 브루스 배너는 즉시 닥터 스트레인지와 웡에게 토니 스타크를 데려와야 한다고 말한다. 스트레인지는 차원 문을 통해 스타크를 생텀 생토럼으로 데려와 현재 닥쳐오고 있는 위협에 대해 의논하지만, 이들의 대화는 오래지 않아 Q 함선의 출현으로 끊기고 만다. "이번 영화에서는 그 누구도 쉴 틈을 가지지 못합니다." 공동 감독 조 루소가 말했다. "스트레인지, 토니, 배너, 그리고 웡은 앞으로 자신들에게 다가올 이야기에 대해 딱 2분 동안만 설명한 다음 곧바로 행동에 나서죠. 그리고 관객 여러분은 앞으로 보게 될 각 장면에서 캐릭터를 한 명씩 소개받게 됩니다. 이들은 제각기 타노스에게 맞서기 위한 나름의 이유를 가지고 있습니다."

에보니 모와 컬 옵시디언은 타노스를 대신하여 타임 스톤을 손에 넣기 위해 뉴욕에 당도한다. 이는 제작자들의 계획적인 결정이었다. "이야기 구조상이나 디자인으로나, 타노스가 직접 6곳의 장소를 들러서 일행 여섯을 박살 낸 다음 스톤 6개를 손에 넣으면 끝나는 영화를 만들고 싶지는 않았습니다." 공동 각본가 스티븐 맥필리가 말했다. "단순히 반복적이라는 문제뿐만이 아닙니다." 크리스토퍼 마커스가 거들었다. "관객 여러분도 영화가 끝날 때까지 주인공 일행들이 타노스와 싸우는 꼴만 보고 싶어 하지는 않을 테니 말입니다."

체셔 ■

IRON MAN
아이언맨

토니 스타크는 아이언맨이 된 이래로 외계인부터 울트론까지 온갖 적들과 맞서 싸워보았지만, 앞으로 벌어질 싸움에 대비할 수 있는 방법은 없었다. 현재 어벤져스는 분열된 상태였지만 토니는 타노스를 물리치기 위해 옛 친구들과 새 친구들의 도움을 받아야만 했다. 또한 새 아이언맨 슈트도 필요했다.

"블리딩 엣지 슈트는 오랜 의논을 통해 만들어진 결과물입니다." 마블 스튜디오의 실질 제작 및 후반 작업 부사장, 빅토리아 알론소가 말했다. "언제나 토니의 신체에 좀 더 밀착된 슈트를 원했습니다. 명령만 내리면 현장에서 곧바로 장비되어 출격할 수 있는 슈트를 원했어요. 그냥 아크 리액터만 두드리면 장착이 되고, 다양한 호신용 무기도 슈트에 내장되어 있는 식으로요. 왜냐하면 토니는 지금껏 타노스 수준의 적까지 직접 맞설 필요가 없었으니까요."

"블리딩 엣지 슈트 디자인 과정의 주요 난관은, 아예 새로운 걸 만들어내야 하는 상황은 처음이었다는 점입니다." 시각 개발 콘셉트 일러스트레이터, 필 손더스가 말했다. "지금껏 만들었던 모든 아이언맨 슈트는 판금 가공, 주조, 주형, 금속 가공 등 최첨단 기계 제작 기술을 바탕으로 했습니다. 차량이나 항공업 분야에서 으레 볼 수 있을 거라고 예상할 수 있는 형태를 띠었죠. 그래서 기존의 형식 언어와 기술들을 상당수 활용하고 그 형태를 모방해서, 관객들이 한눈에 '저거 괜찮아 보이네. 충분히 실감 나는 수준이야.'라고 생각할 만한 슈트 디자인을 만들어낼 수 있었습니다. 하지만 블리딩 엣지는 완전히 다릅니다. 액체 금속이거든요. 그리고 액체 금속이나 나노 기술 따위를 다룬다면 볼트나 너트, 단단한 판금 따위는 사용하지 않겠죠. 말이 안 되니까요. 그래서 저희가 처음으로 생각한 것은 '좋아, 똑같이 아이언맨 슈트를 만들되, 이게 액체 금속 재질이란 사실을 실감 나게 표현할 방법은 뭐지?'였어요."

"이런 생각을 표현하기 위해 써볼 만한 다양한 접근법을 시험해보았습니다. 뚜렷한 모서리나 틈새가 존재하는 판금을 사용할 필요도 없고, 내부 구조 역시 기존의 통념대로 구성할 필요가 없어요. 제 구상은 단단한 부분과 유연한 부분 사이에 간극을 만들되, 그래도 여전히 견고하다는 느낌이 들도록 구성해보자는 것이었습니다. 그래서 면적인 표현의 사이를 선으로 뚜렷하게 갈라놓는 게 아니라, 마치 아코디언 같은 부위를 두는 방식을 다양하게 시험해보았습니다. 이 부위는 부드러운 느낌이면서도 확장과 수축이 가능해 보이도록 평행선으로 계층적 표현이 되어 있습니다. 이런 방식으로 슈트의 표현을 해보았습니다."

"이처럼 다양한 이미지들은 좀 더 유기체 같은 느낌의 아이언맨 슈트를 만들어내고자 했던 탐구의 결과물입니다." 콘셉트 아티스트 아디 그라노브가 말했다. "이 슈트에는 첨단 기술 및 재질이 사용되었기 때문에, 기존의 슈트들과 달리 형태를 마음대로 바꿀 수 있는 데다 신체에 딱 달라붙는 형상 기억 재질을 사용하는 게 더 잘 어울릴 거라고 생각했습니다. 또한 슈트에서 무기를 생성하거나 추가 동력, 속도 등을 제공하는 모듈형 추가 부품을 탈착할 수 있는 기능을 탐구해보기도 했습니다. 여기서 극복해야 했던 난관은 아이언맨 마크3 슈트부터 지금껏 계승되어온 외모로부터 최대한 차별화된 디자인을 만들어내야 한다는 점이었습니다."

그라노브 ■

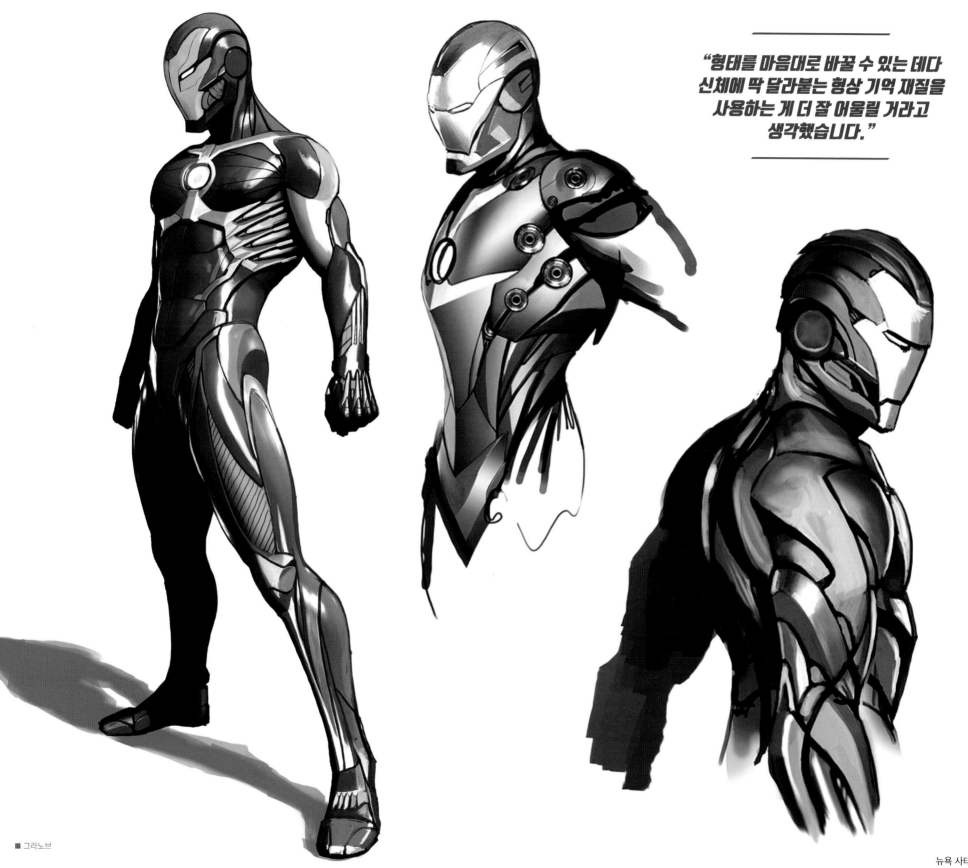

"형태를 마음대로 바꿀 수 있는 데다
신체에 딱 달라붙는 형상 기억 재질을
사용하는 게 더 잘 어울릴 거라고
생각했습니다."

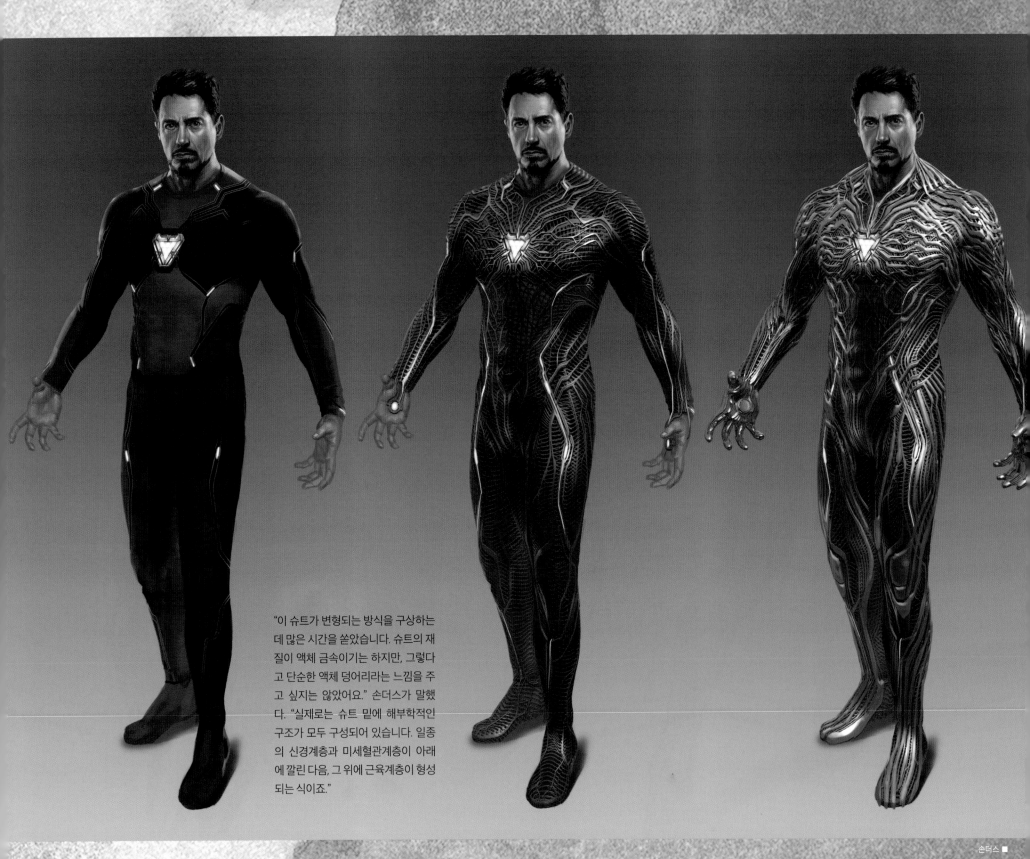

"이 슈트가 변형되는 방식을 구상하는 데 많은 시간을 쏟았습니다. 슈트의 재질이 액체 금속이기는 하지만, 그렇다고 단순한 액체 덩어리라는 느낌을 주고 싶지는 않았어요." 손더스가 말했다. "실제로는 슈트 밑에 해부학적인 구조가 모두 구성되어 있습니다. 일종의 신경계층과 미세혈관계층이 아래에 깔린 다음, 그 위에 근육계층이 형성되는 식이죠."

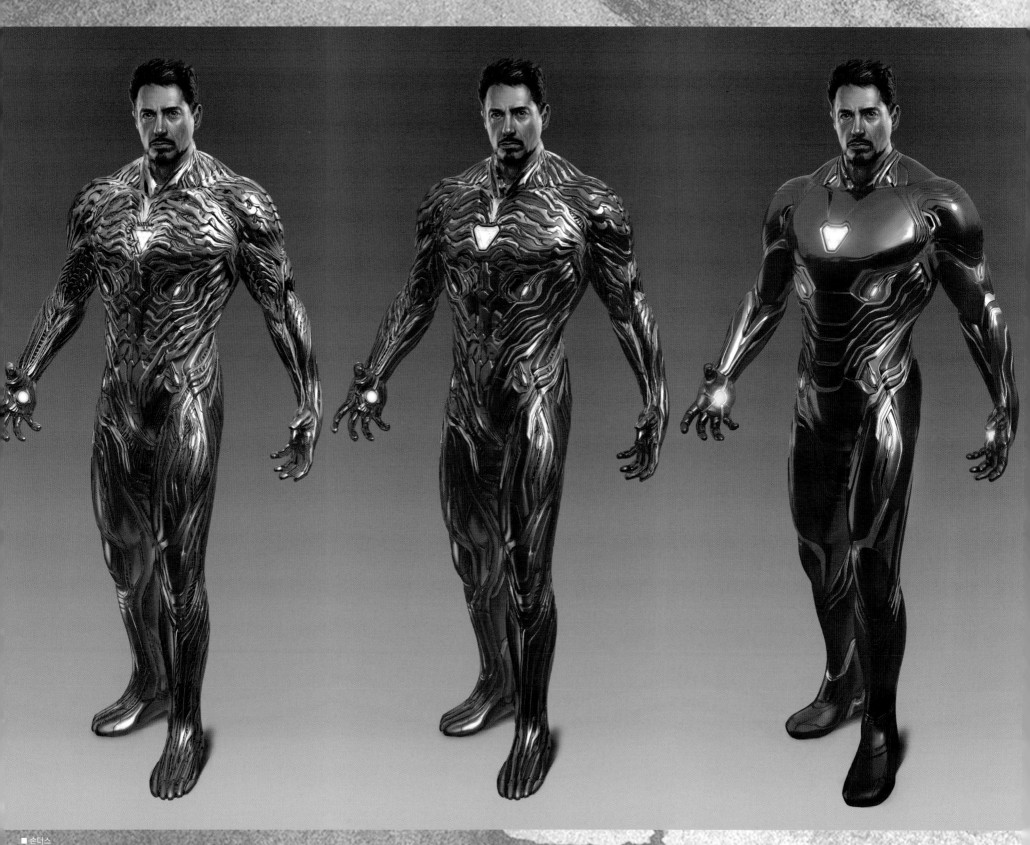

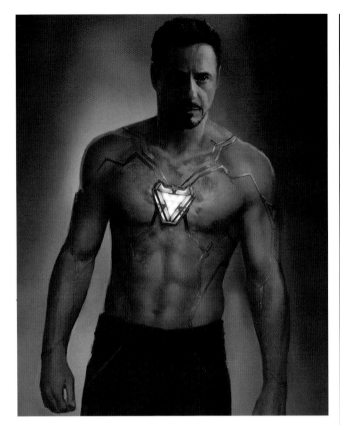

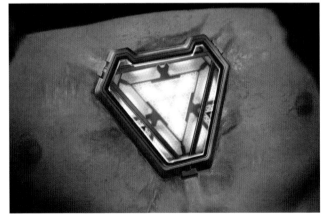

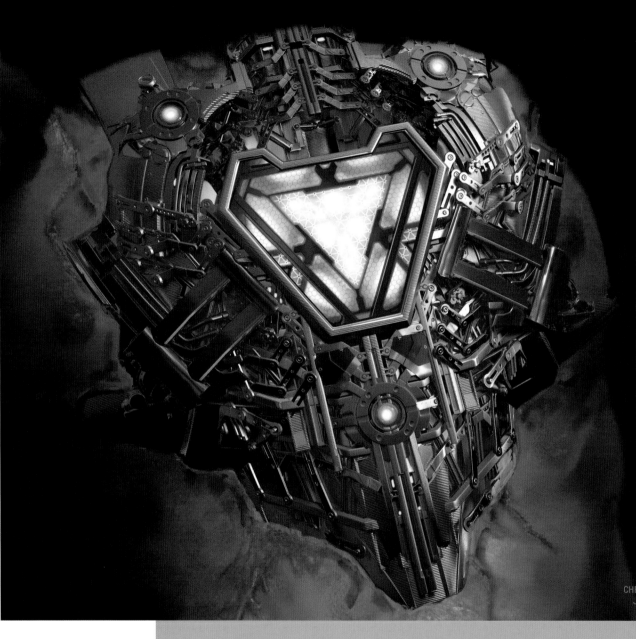

"아크 리액터는 그 주위에 상당한 규모의 기계 장치를 배치해서, 여기서 나노 슈트가 흘러나온다고 해도 충분한 개연성이 느껴지게끔 만들라는 지시가 있었어요." 손더스가 말했다. "그래서 이번 아크 리액터는 좀 더 크게 만들어야 했습니다. 리액터를 감싼 주변부가 확실히 크다는 느낌을 주어야만 했어요."

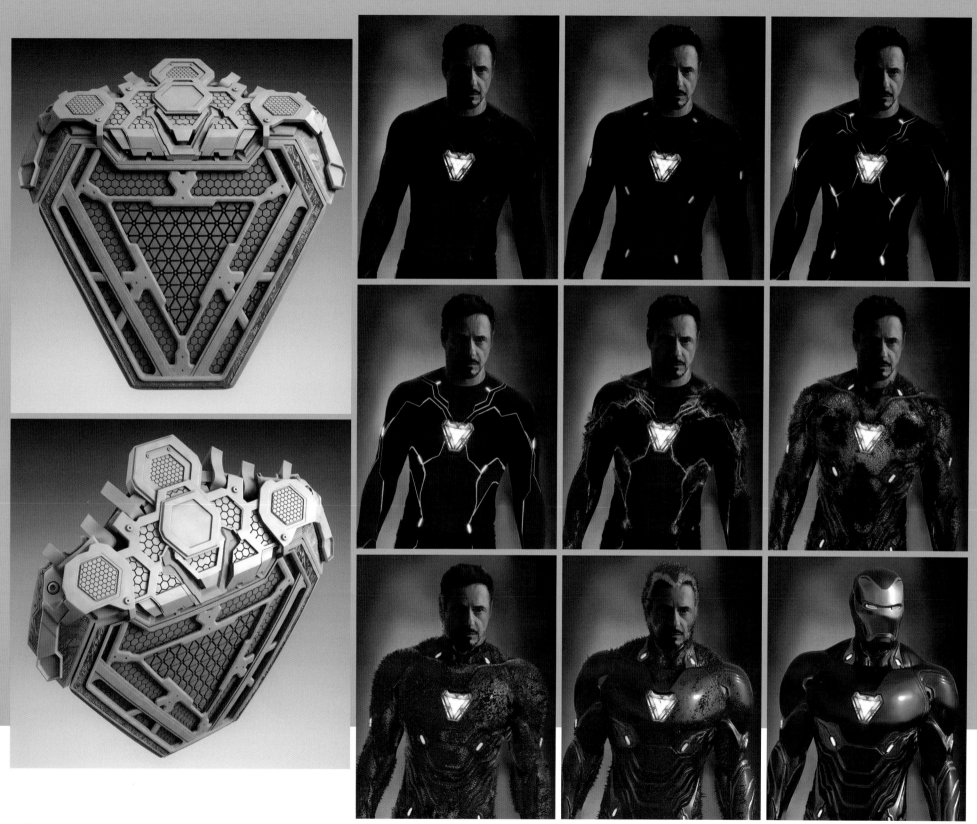

버트 ▪

■ 버트

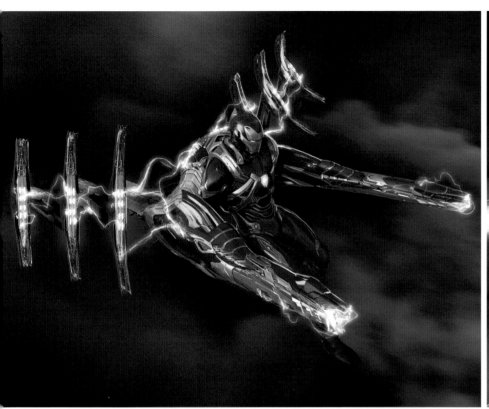

"아이언맨의 슈퍼 무기는 나노 기술 슈트의 화력과 다른 형태로 변형할 수 있는 기능을 모두 보여줍니다." 콘셉트 아티스트 조시 니치가 말했다. "슈트가 변형할 수 있는 한계와 그 중량감을 나타낼 방법을 찾기 위해 정말 많은 스케치를 그려보았습니다. 이 스케치들은 디자인의 한계에 도전하면서도 어느 정도의 현실감을 유지하는 데 많은 도움이 되었습니다."

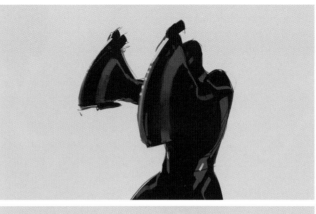

"처음에 시도한 스케치들은 슈퍼 무기의 형태에 대한 아이디어를 구상하는 과정에 도움이 되었습니다." 니치가 말했다. "그런 다음에는 이 무기의 크기를 결정하기 위해 몇 가지 스케치들을 선택해 다양한 변형을 주었죠. 여기서부터는 좀 더 명확하게 다듬은 이미지를 사용하면서 슈트의 형태가 얼마나 유기적이고, 또 얼마나 기계적인 모습을 띠어야 할지 한참 씨름했습니다. 우리는 이 무기가 좀 더 강력하고 최첨단 기술이 적용되었으며 세련되어 보이길 원했지만, 그렇다고 SF적인 느낌이 지나치게 강해서 무슨 마법처럼 보이는 건 원하지 않았습니다."

아티스트들은 토니의 신기술이 가진 한계를 정하는데 상당한 신경을 기울였다. "토니가 발휘할 수 있는 능력의 한계에 대해 많은 논의를 거쳤습니다." 손더스가 말했다. "예를 들어, 토니의 무기는 모두 탄환이 아니라 리펄서(Repulsor)나 에너지의 형태로 발사되길 원했습니다. 그래야 슈트에서 탄환 같은 것들을 만들어서 발사하다가 나노 물질이 바닥나는 사태가 벌어지지 않을 테니까요. 물론 미사일도 몇 번 쏘기는 하지만 여기에도 충분한 한계를 두었습니다. 그리고 슈트에 저장되어 있는 나노 물질의 양에 대해서도 논의를 많이 했어요. 토니가 슈트의 크기를 확장하거나 그 형태를 변형해서 각종 도구들을 만들어내는 것을 보고도 '저 나노 물질이 다 어디서 나오는 거야?'하는 의문이 들지 않게 말이죠. 일단은 토니가 자신의 뼈나 아크 리액터 속에 겉보기보다 훨씬 많은 나노 물질을 저장해두고 있다는 가정을 해두기는 했습니다."

어메이징 스파이더맨, 피터 파커는 직접 거미줄을 타고 날아와 토니에게 도움의 손길을 건넨 뒤, 스타크가 제작한 스파이디 슈트(〈스파이더맨: 홈커밍〉의 막바지에서 살짝 등장했던 슈트)를 입고 아이언 스파이더가 된다. 이 상징적인 슈트가 만화책을 벗어나 영화 속에 등장한 것은 이번 〈어벤져스: 인피니티 워〉가 최초다. "만화 속의 스파이더맨이 그렇게 많은 코스튬을 갖고 있지는 않죠." 마블 스튜디오의 시각 개발 팀장, 라이언 메이너딩이 말했다. "상징적인 코스튬이 몇 가지 있기는 하지만 보통은 다른 캐릭터에 연관되어 있거나, 피터 파커나 다른 캐릭터가 인생에서 겪은 특정한 사건을 바탕으로 만들어진 것입니다. 그래서 이번에 등장한 새 슈트도 토니 스타크가 피터 파커에게 직접 선사하듯, 영화의 스토리텔링과 정말 밀접하게 연관이 되어 있어요. 만화책에서 나왔던 것과 똑같은 슈트가 등장한다는 점은 정말 재미있었습니다."

"코믹스에 나왔던 아이언 스파이더를 바탕으로 루소 형제가 관심을 가질 만한 테마의 슈트들을 만들어보려 했습니다. 저는 루소 형제가 언제나 〈캡틴 아메리카:시빌 워〉에서 등장했던 붉은색과 검은색 배색의 스파이더맨 슈트를 원한다는 걸 알고 있었기 때문에, 만화책의 아이언 스파이더 슈트를 그 배색으로 바꿔보려고 시도했어요. 만화책의 아이언 스파이더는 금색 배색에 툭 튀어나온 눈을 가졌지만, 저는 우리가 예전에 슈트 디자인에 사용한 것처럼 로미타(John Romita Sr., 〈어메이징 스파이더맨〉의 공동 아티스트) 스타일의 눈을 고수하고 싶었어요. 그러니 이런 디자인이 나온 이유는 붉은색과 검은색의 배색을 그대로 사용하면서 약간의 금색 배색을 섞고, 두상의 디자인도(특히 눈의 디자인도) 똑같이 유지하려고 했던 결과인 셈입니다."

SPIDER-MAN 스파이더맨

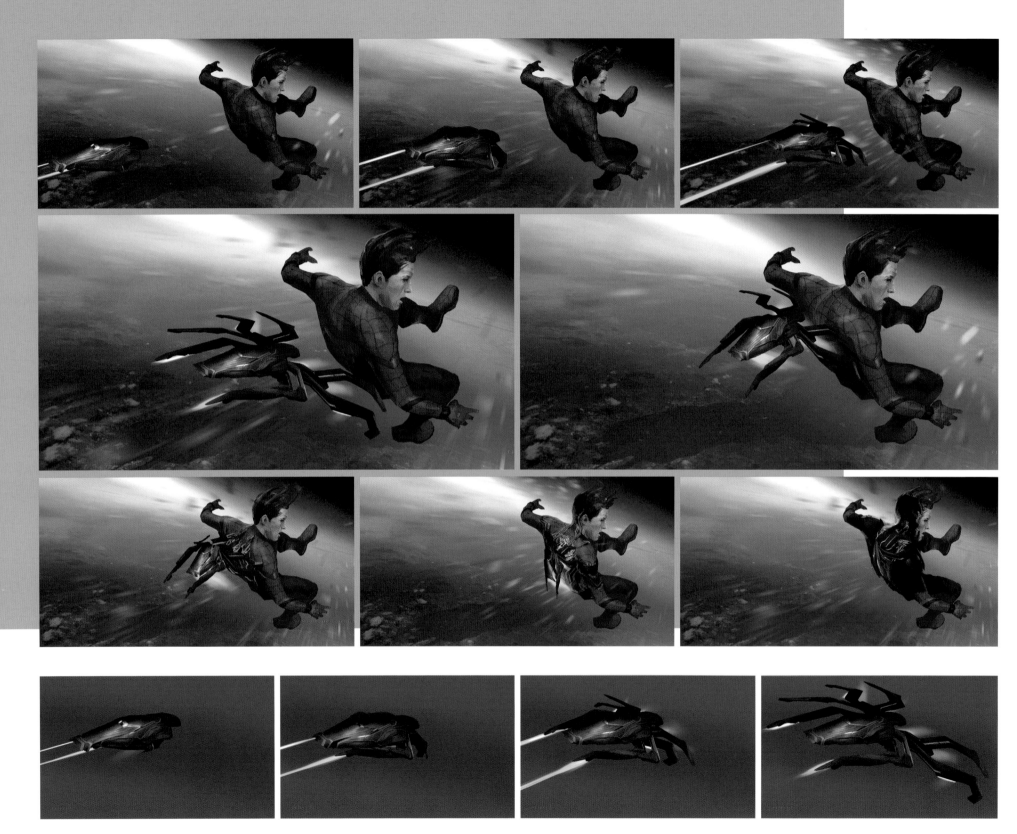

"영화에서 등장했던 추가 거미 다리들은 처음부터 구상된 게 아닙니다." 메이너딩이 말했다. "원래는 '아이언맨을 기반으로 스파이더맨 슈트를 만들어보자.'는 생각으로 구상이 시작됐죠. 스파이더맨 슈트와 아이언맨 슈트 사이의 적당한 절충안을 찾기 위해 다양한 버전을 시험해보다가, 나중에서야 거미 다리를 추가로 달아보자는 결정이 나왔어요."

메이너딩 & 로스 ■

"그리고 거미 다리도 원래 좀 더 붉은색과 검은색 배색이 되어 있었어요. 나노테크 슈트에 사용한 전체적인 미학을 이 슈트와 거미 다리에도 적용하려고 했거든요. 하지만 이게 슈트나 주변 배경에 비해 좀 튀어 보이더라고요. 그래서 금색 집게 다리로 바꿨는데, 정말 잘 어울렸습니다."

■ 메이너딩 & 로스

"굉장히 흥미로우면서도 재미있는 디자인
적 도전이었고, 이번 영화의 스파이더맨은
분명 꽤나 색다른 스파이더맨으로 느껴진
다고 생각해요." 메이너딩이 말했다.

———

**"그냥 친절한 이웃
스파이더맨이 아니라
진정한 어벤져스의
일원으로 거듭나는
것처럼 느껴져요."**

———

"그냥 친절한 이웃 스파이더맨이 아니라
진정한 어벤져스의 일원으로 거듭나는 것
처럼 느껴져요. 전체 줄거리에서도 굉장한
포인트가 되니만큼, 제가 이 작업에 기여
했다는 점이 정말 기쁩니다."

메이너딩 ■

"만화책에서 등장한 것과 더 비슷한 슈트 디자인들도 다양하
게 시도해보았습니다." 메이너딩이 말했다. "하지만 제작진
은 꽤 새로운 방향으로 나가보려고 하는 것 같았어요."

이 콘셉트는《Amazing Spider-Man #529(2006년 작)》에 등
장했던 아이언 스파이더를 기반으로 한 것이다.

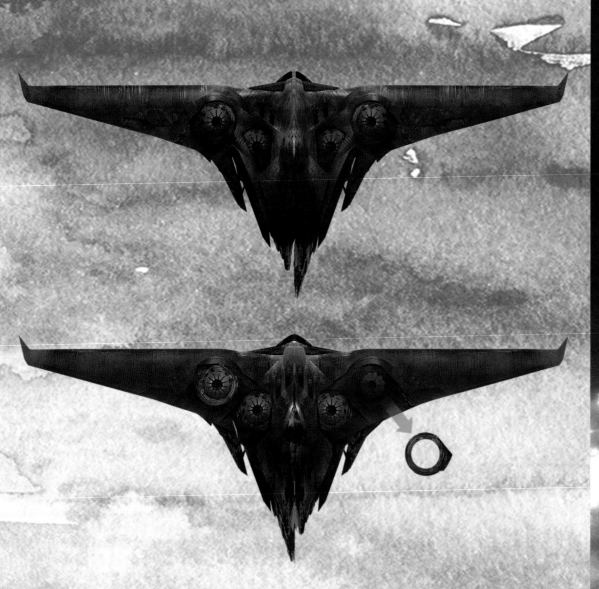

Q SHIPS Q함선

Q 함선은 타노스의 생츄어리 II에서 사출되는 함재기로, 타노스의 아이들이 우주를 이동할 때 주로 이용하는 수단이다. "최우선적으로는 깐깐한 선장인 에보니 모에게 어울리는 동시에 타노스의 함대에서도 뚜렷이 부각되는 함선을 만들어내는 것이었습니다." 콘셉트 아티스트 폴 챈들러가 말했다. "원래 계획이 일종의 장갑 수송선을 제작하는 것이었기 때문에, 처음에는 고대 그리스 시대의 충각衝角을 단 삼단노선 느낌이 나는 디자인을 여러 가지 그려 보았습니다. 여기에 에너지나 각종 기능들을 추가했고, 제작 디자이너 찰리 우드가 준비한 2차 세계대전 당시 전함 관련 자료도 살펴보았습니다. 그러다가 전방에 특정한 형태를 갖춘 원형이 괜찮다고 느꼈어요. 원형이라는 형태가 전체적인 줄거리에도 잘 어울리는 모양이었기 때문에 찰리가 이 디자인을 밀었죠. 또한 모양이 알파벳 Q와 닮았기 때문에 당연히 Q 함선이라는 이름이 붙게 되었습니다."

■ 카스트로

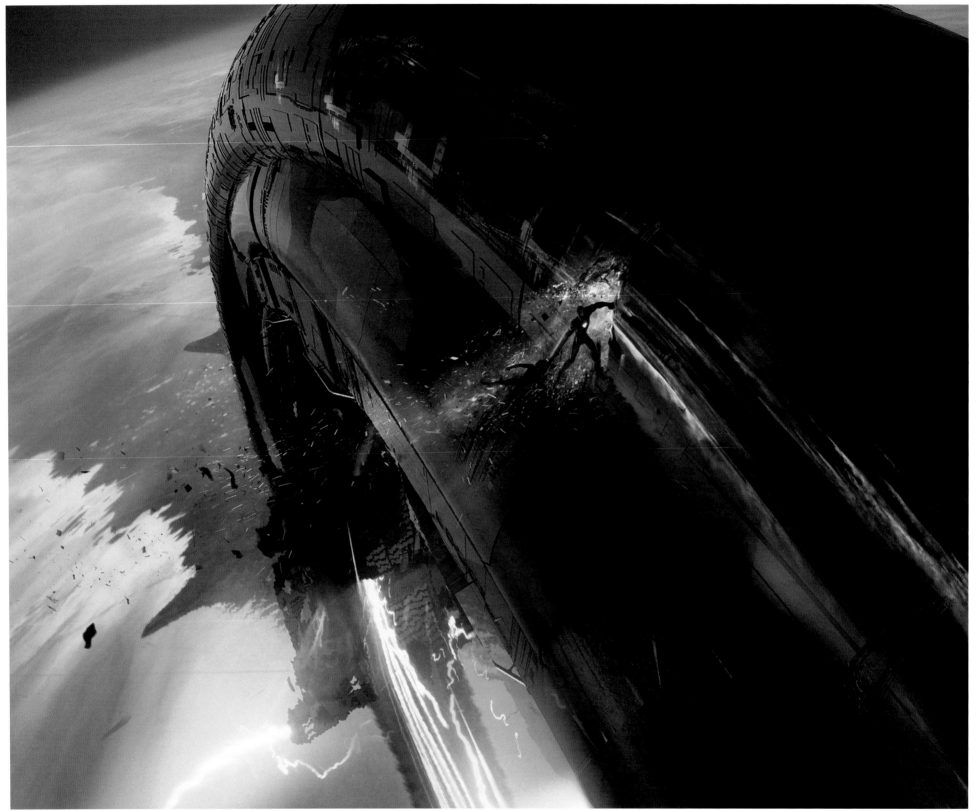

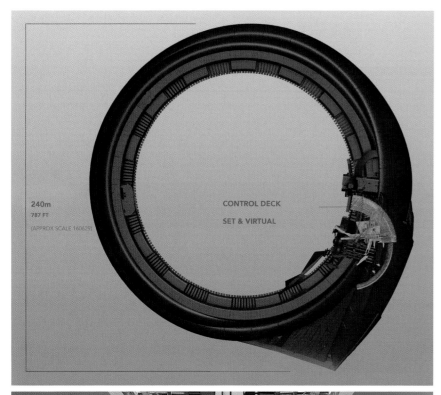

240m
787 FT
(APPROX SCALE 160629)

CONTROL DECK

SET & VIRTUAL

"일단 디자인이 확정된 후에는 Q 함선의 둥근 선체와 거대한 자기 회전 궤도에서 방출되는 에너지로 뭘 할 수 있을지 새로운 아이디어들을 내보았습니다." 챈들러가 말했다. "찰리 우드는 여기서 아이언맨과는 다른 신기술과 금속을 사용해보자고 제안했어요. 원작자 스탠 리도 신기술의 개발을 지지한다는 의미로 자신의 창작물에서 '뭔가 우러러 볼 만한' 것들을 보여주었으니, 우리도 이 정신을 받들어서 실존 이론인 '알쿠비에레 워프 항법(Alcubierre warp drive, 중력을 이용한 공간 이동 이론)'을 바탕으로 이 기술을 시각화해보자고 제안했습니다."

챈들러 ■ 이전 페이지 슈릴 ■

"찰리 우드는 함선 내부의 건축학적이고 체계적인 풍경을 디자인하면서, 뭔가 외계 같으면서도, 사방이 녹슬었고 상당히 군사적인 용도가 느껴지는 분위기를 만들고 싶어 했어요." 챈들러가 말했다. "우리는 총괄 아트 디렉터 레이 챈과 다른 아트 디렉터들과 함께 묵직한 금속 재질의 느낌을 주는 다양한 전차들과 아름다운 도기 제품들을 많이 훑어봤어요. 인터페이스를 '액체 같은 질감의 그래픽으로 표현할 수 있지 않을까?' 하는 구상도 했습니다. 제가 맨 처음으로 제안한 점은 함선을 조종하는 함교에 가파른 예각으로 구성된 거대한 생체 조종 장치들을 다수 설치해두자는 것이었습니다. 제가 이 함선에서 가장 좋아하는 요소는 에보니 모가 자신의 강력한 완력으로만 조종할 수 있도록 만든, 이기적일 정도로 거대한 조종간입니다."

"스파이더맨과 아이언맨은 에보니 모를 공격할 계획을 짠 다음 닥터 스트레인지를 구한 후에 함선을 장악하지만, 계획의 후반부가 그리 간단하지 않다는 사실을 알게 됩니다!"

"토니는 지구로 다시 돌아가지 않고, 타임 스톤을 타노스에게 가져가는 것이야말로 그를 저지할 유일한 방법이라 여기고는 그대로 실행하려 해요." 총괄 제작자 트린 트란이 말했다. "그래서 닥터 스트레인지와 약간의 충돌을 빚죠. 닥터 스트레인지는 타임 스톤을 지구로 다시 가져가서 지키고 싶어 하거든요. 또한 타노스와도 지구에서 맞서야 한다고 생각하고요. 그래도 결국에는 토니가 옳을 수도 있다고 인정합니다. 그래서 이들은 타이탄으로 가게 됩니다."

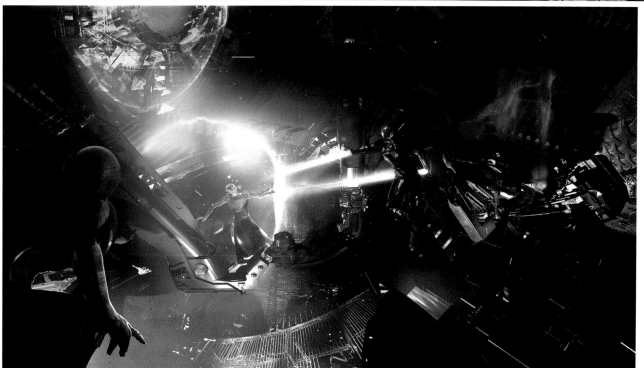

■ 챈들러

"닥터 스트레인지는
타임 스톤을 지구로 다시
가져가서 지키고 싶어
하거든요."

스타옵 ▶

SPACE 우주

스테이츠맨이 파괴되기 직전, 함선에 타고 있던 아스가르드인들은 구조 신호를 보낸다. 이 구조 요청을 듣고 출동한 가디언즈 오브 갤럭시는 생존자를 찾기 위해 학살의 현장을 누빈다.

이들은 전투로 인해 만신창이가 되어 거의 죽기 직전의 상태에 빠진 토르를 찾아낸다. 가디언즈 오브 갤럭시는 토르를 살리고, 토르는 타노스가 인피니티 스톤을 찾기 위한 여정을 시작했단 사실을 알려준다. 또한 토르는 노웨어의 콜렉터가 리얼리티 스톤을 갖고 있다는 것도 알고 있었지만, 그 자신은 타노스의 여정을 다른 방식으로 끝내려 한다.

"라그나로크의 결말 시점에서 토르는 거의 모든 것을 잃고 새로운 가족을 얻었습니다." 총괄 제작자 트린 트란이 말했다. "하지만 인피니티 워의 시작 시점에서 진행되는 토르의 이야기에서는 타노스가 그의 우주선을 덮쳐 아스가르드인 절반을 쓸어버리는 등 더 많은 재난을 보게 됩니다. 여기서 가장 큰 난관 중 하나는 과연 어떤 인물이 타노스와 상호 작용을 겪느냐였습니다. 그리고 우린 토르에게 크나큰 동기 부여가 하나 필요하다고 생각했죠. 라그나로크에서 자신의 망치를 잃었으니까요. 이런 상실을 타노스에 얽힌 이야기와 합치려면 어떻게 해야 할까요? 그 크나큰 목적의식이란 무엇이 될까요? 음, 일단 토르에게는 무기가 필요하겠죠. 타노스조차 물리칠 수 있는 무기 말입니다. 그래서 토르는 무기를 찾기 위한 여정을 떠나도록 만들었습니다. 그 후에는 토르가 누구와 함께해야 재미있을지 구상해보았습니다. 과연 토르에게 어떤 캐릭터를 붙여줘야 재미있고 역동적인 관계를 형성할 수 있을까요? 여기서 '음, 가디언즈 오브 갤럭시 중에서는 로켓 라쿤과 그루트가 엄청나게 재미있고 명랑한 캐릭터들이잖아.'라는 생각이 들었습니다. 그래서 이 한 쌍을 토르의 여정에 합류시킨 다음 어떤 일이 벌어질지 한번 지켜보기로 했습니다."

한편, 다른 가디언즈 오브 갤럭시의 일원들은 노웨어로 향한다.

▲ 슈릴

GUARDIANS' SHIP

가디언즈의 함선

가디언즈 오브 갤럭시의 원래 함선이자 우주를 구한 우주선, 밀라노는 〈가디언즈 오브 갤럭시 VOL. 2〉에서의 불시착으로 인해 완전히 박살 나고 만다. 그 뒤 가디언즈 오브 갤럭시는 영화의 결말에서 밀라노보다 살짝 더 큰 규모의 M급 라바저스 함선을 타고 나온다.

제작 디자이너 찰리 우드는 〈가디언즈 오브 갤럭시〉 제작 당시 밀라노를 제작한 팀을 이끌었고, 이번 〈어벤져스: 인피니티 워〉에서도 똑같은 역할을 맡았다. "찰리가 처음부터 이 함선 디자인에 걸어놓은 두 가지 필수 조건은 꽤 실용적인 것이었어요." 콘셉트 아티스트 폴 캐틀링이 말했다. "첫 번째 조건은 '밀라노의 조종석은 되게 비싼 것이었으니 당연히 재활용이 되었을 것이다.'였습니다. 두 번째 조건은 '아이반 웨이트먼이 디자인한 멋진 탈출선이 M급 함선의 하부에 부착되어야 한다.'는 것이었죠. 아이반과 저는 대칭과 비대칭을 가리지 않고 다양한 형태를 한 함선의 전면부터 후면까지 다양한 부분에 조종석을 위치시켜 보면서 실험을 했습니다. 수많은 아이디어가 실패한 끝에, 이 콘셉트들을 가지고 구체적인 형상을 만들어냈죠. 찰리는 종종 1950~1960년대 당시에 등장한, 크롬 도금 표면에 아름다운 곡선형을 한 실험용 비행체들을 보여주었어요. 그러다가 제가 1950년대 폭격기를 바탕으로 제작한 콘셉트 하나가 찰리의 눈길을 제대로 끌었고, 저 역시 영화의 배경음악에 깔려 있던 '향수 어린 미래'라는 분위기를 수용해서 과거를 기반으로 한 미래적 디자인의 함선을 만들려 했습니다."

■캐틀링

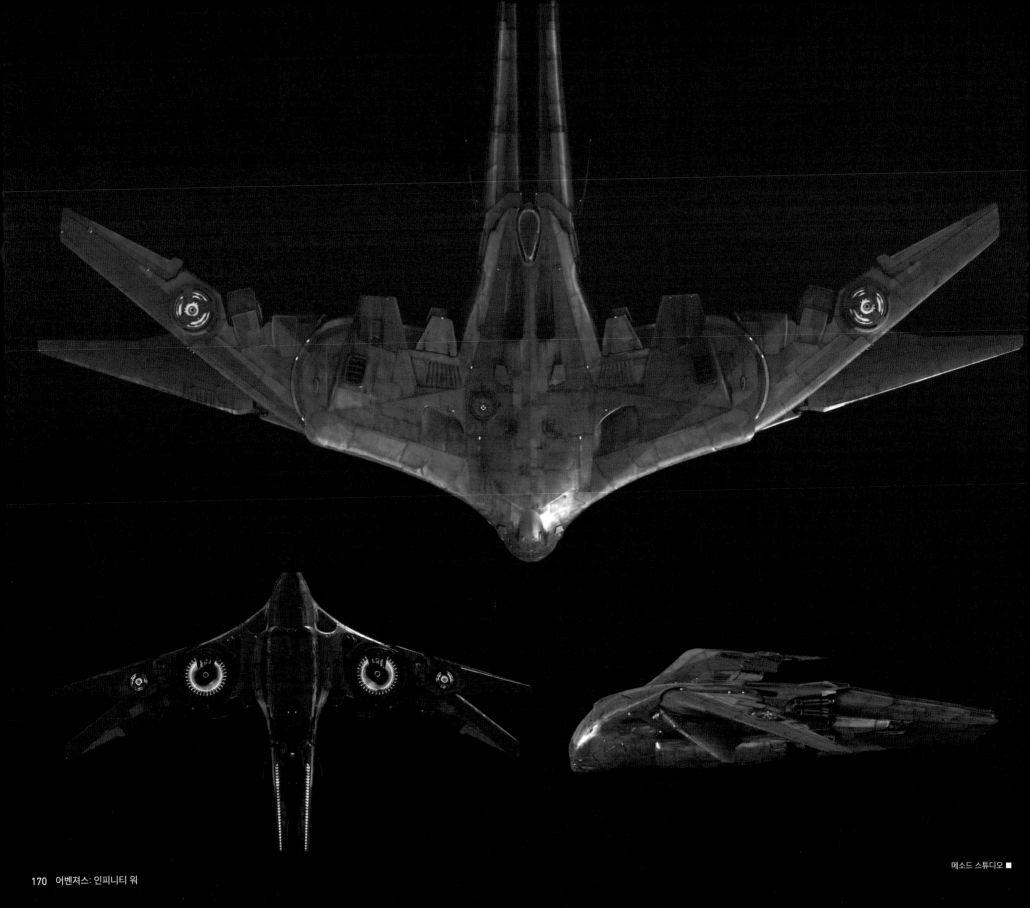

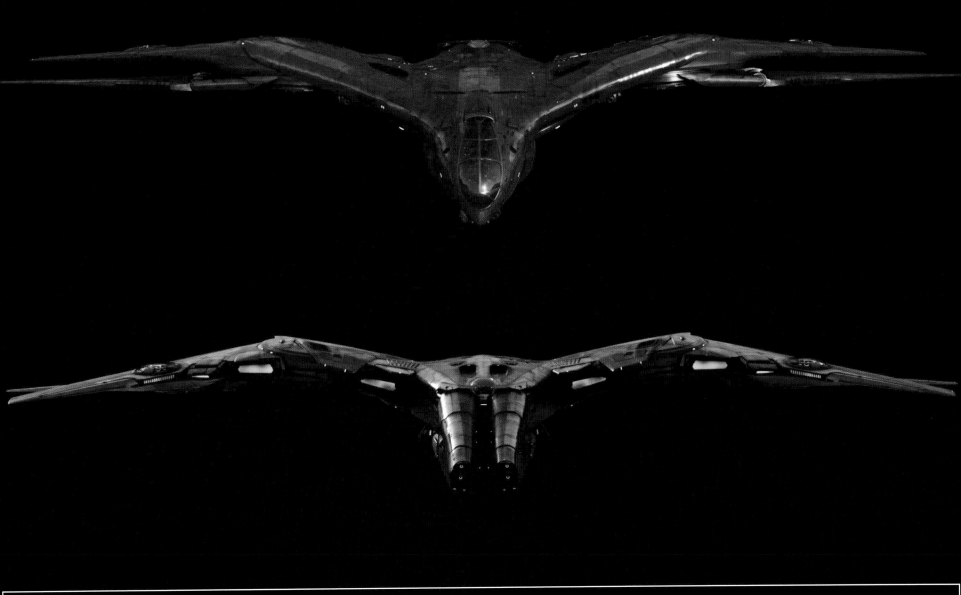

"로베르토 카스트로가 만든 밀라노의 상징적인 디자인은 마치 거대한 희귀 금속 판금으로 만들어진 것처럼 굉장히 미래적이고 탄탄해 보입니다." 캐틀링이 말했다. "제 목표는 밀라노의 전반적인 설계를 가져다가 좀 더 구식 기술로 만든 듯한 함선을 만드는 것이었습니다. 기계 장치 위에 유선형의 늘씬한 외형을 덮어씌운 듯한 느낌을 주는 것이었죠. 그래서 밀라노에게 일종의 경의를 표하되, 그래도 분명 다른 함선이라는 느낌이 드는 만족스러운 형태가 나올 때까지 함선의 비율을 이리저리 늘려보고, 줄여보고, 조정해보았습니다. 여기서 기계적 구조 중에 많은 부분이 조금씩 바뀌었습니다. 로베르토가 만들었던 밀라노가 스포츠카였다면, 이번

함선은 일종의 세단 같은 형태로 발전시켰죠.

찰리가 디자인의 방향을 결정한 이후, 퀼의 함선은 큰 변화를 겪지 않았습니다. 첫 콘셉트는 살짝 오동통한 느낌이 있었기 때문에 함선을 좀 더 유선형으로 바꾸는데 대부분의 작업 시간을 투자했습니다. 그 다음에는 흡입구, 환기구, 그리고 무기 등의 세부 묘사였죠. 개발이 진행되면서 함선의 후면 추진 엔진은 좀 더 길고 확실하게 부각이 되었습니다. 그래서 전체적인 윤곽이 마치 제비와 비슷한 모양을 띠어서, 함선의 커다란 덩치를 상쇄할 만큼 충분히 날렵하다는 느낌을 주게 되었습니다."

"제작 디자이너 찰리 우드는 M 함선이 밀라노와 동일한 기체형을 갖되, 좀 더 초기의 폭격기형 함선으로 만들어지길 원했어요." 콘셉트 아티스트 아이반 웨이트먼이 말했다. "〈가디언즈 오브 갤럭시〉에서 이미 확립된 형태를 유지하는 게 중요했어요. 저는 총괄 아트 디렉터 레이 챈에게 실제 밀라노의 조종부를 3D로 재활용할 수 있는 흥미로운 방법들을 찾아보고, 이를 통해 구현할 수 있는 내부 구조 형태에 대해 구상해보라는 지시를 받았습니다. 우리는 다양한 선택지들을 검토한 후, 조종석을 수직으로 배치해서 복층 구조를 만들기로 결정했습니다. 이 구조는 인물간의 대화 및 상호 교류에 아주 잘 어울리고, 벨 헬리콥터나 하인드 헬리콥터의 내부 구조 같은 느낌을 가진데다 가디언즈 오브 갤럭시의 외부 배경과도 잘 어울렸습니다. 그 후에는 선체 내부의 넓은 공간에 제어반이나 상단 장착형 계기 장치 등을 활용해서 갑갑하다는 느낌을 유지하는데 주력했습니다. 그래도 카메라에 필요한 공간은 확보해야 했죠."

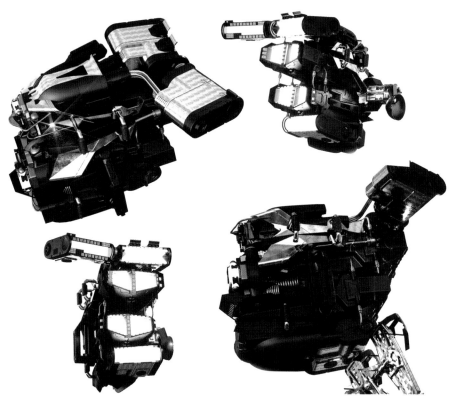

◀ 캐틀링　■ 웨이트먼

토르는 로켓과 그루트와 함께 가디언즈 오브 갤럭시의 탈출선을 타고 니다벨리르로 간다. "찰리 우드가 탈출선 내부 구조를 함께 만들겠냐는 제안을 했어요." 웨이트먼이 말했다. "그때만 해도 대본상의 단서는 토르와 로켓의 대사 중에 딱 한 줄, '겨우 이 따위 배밖에 없었냐?'는 대사뿐이었어요. 그래서 이 작업이 굉장히 굴곡지고 독특할 거란 점은 진작에 알고 있었어요."

"우선 탈출선이라면 당연히 비교적 작고 날렵한 함선이며, 처음에 모선에서 사출될 때 모든 방향과 각도로 기동할 수 있어야 할 거란 생각이 들었어요. 이 단계부터 유리 구체로 둘러싸인 짐벌 체어를 3D로 디자인해보았습니다. 이런 형태라면 조종사가 최대한의 시야를 확보할 수도 있는데다 로켓, 토르, 그리고 그루트의 액션, 성격, 그리고 유머까지 모두 소화할 수 있을 만큼 충분한 역동성을 가졌다고 생각했거든요. 예를 들어, 로켓이 최대 속력으로 곡예 비행을 하면 나머지 둘은 조종석 뒤에서 이리저리 나동그라지는 거죠!"

"찰리는 내부 구조의 초기 콘셉트에 만족하고 외부 구조 작업을 해보라고 허가해줬어요. 그러니까 사실상 작업 순서가 반대로 뒤집힌 데다 이제는 함선 기능에 맞는 디자인을 만들어야 할 차례였죠. 여기서는 1930년대에 나왔던 짧고 통통하며 강력한 출력을 가진 비행기, 지 비로부터 영향을 받아서 유리 구체 조종석 주위에 엔진을 배치했습니다. 그 후에는 좀 더 기억에 부각될 만한 윤곽선을 만들고, 또 탈출선이자 소형 수송선이라는 본분에 맞는 디자인을 만들어내려 했어요. 그러면 〈가디언즈 오브 갤럭시〉의 세계관에 잘 어울리는 풍성한 배경 이야기를 가질 수 있으니까요. 저는 디자인을 진행하면서 이 3D 콘셉트에 애니메이션을 추가해서 대본에서 요구하는 대로 작동하는 모습을 찰리와 레이에게 보여주었습니다."

ESCAPE POD 탈출선

■ 웨이트먼

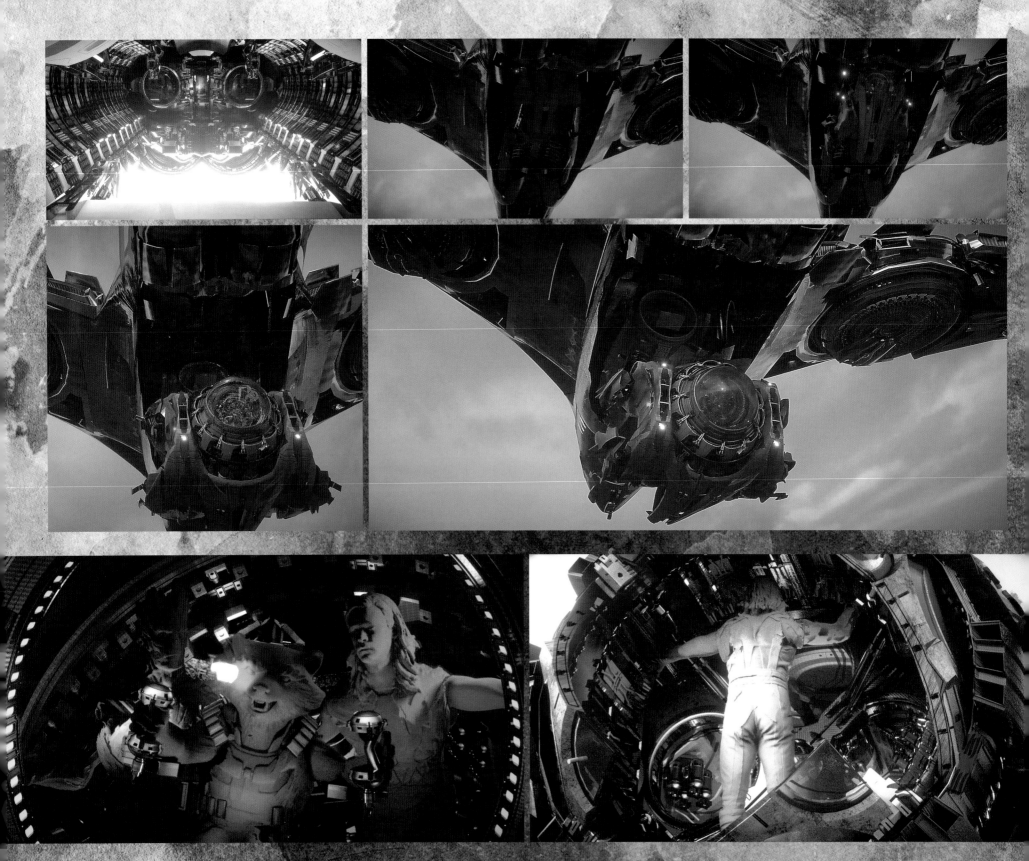

"가디언즈 오브 갤럭시가 탑승하는 모든 함선에는 임기응변식으로 개조를 했다는 요소가 들어 있습니다." 웨이트먼이 말했다. "함선의 기동이 격렬해지면 조종석 또한 격렬하게 움직이겠죠. 그러니 조종사가 받게 될 모든 움직임과 충격을 흡수해주는 능력이 아주 중요합니다. 저는 운이 좋게도 시각 효과팀으로부터 모든 캐릭터의 신체 분석 데이터를 받을 수 있었던 덕분에 작업 초기부터 이 데이터를 바탕으로 디자인 및 장면 표현 작업을 할 수 있었어요. 조종사의 척추를 중심으로 조종석의 모든 기능과 조정 가능한 요소들을 분석해서, 다른 캐릭터들이 가려지지 않도록 그 크기를 최소한의 수준으로 유지했죠. 이 과정을 통해 결국 의자의 형태까지도 만들 수 있었습니다. 영화 속에서 이 모든 것을 구현해준 아트와 세트 장식, 특수 효과, 조명, 그리고 시각 효과팀에게 모든 감사의 말씀을 전합니다!"

GROOT 그루트

그루트도 나이를 먹었다! 그루트는 〈가디언즈 오브 갤럭시 VOL. 2〉에서 등장한 것처럼 이제 막 사춘기를 보내고 있어서, 아주 버릇없는 모습을 보여준다. "갑자기 몸만 자라버리는 바람에 걸어 다니는 것조차도 어색하게 느껴지는 아이라고 상상해보았습니다." 선임 시각 개발 아티스트 앤서니 프랜시스코가 말했다. "그리고 제가 어렸을 적의 경험도 되새겨봤습니다. 그때 저는 비디오 게임을 되게 재미있게 했거든요. 지금은 제 아들이 닌텐도 스위치나 아이패드에서 손을 떼질 않네요. 굉장히 변덕스러운 성격의 그루트를 만들어내기 위해 얼굴 표정에 십대 특유의 까칠함을 추가했습니다. 또한 아들 친구 중에 체형이 길쭉하고 몸놀림이 흐느적거리는 애들이 있었기 때문에 그 모습을 관찰하고 바탕으로 삼았습니다. 운이 좋았죠."

■ 프랜시스코

"〈가디언즈 오브 갤럭시 VOL. 2〉의 감독 제임스 건은 그루트가 자신의 외모에 전혀 신경을 쓰지 않는다는 점을 드러내기 위해 좀 민망한 부분에서 자라는 가지도 잘 안 치고 배도 살짝 나온듯한 털털한 태도를 넣고 싶어 했어요."

프랜시스코

■ 프랜시스코

스타로드와 가모라, 드랙스는 타노스보다 먼저 리얼리티 스톤을 손에 넣기 위해 서둘러 노웨어로 간다. 그곳에 도착한 일행은 〈가디언즈 오브 갤럭시〉에서 방문했을 때와는 풍경이 사뭇 달라졌다는 사실을 깨닫는다. "처음에는 노웨어 착륙 지점도 더 화사하고 활기찬 배색으로 구상했어요." 콘셉트 아티스트 피트 톰프슨이 말했다. "하지만 지금의 노웨어는 공허하고 버려진 듯한 모습의 장소가 되어야 했기 때문에 어두운 음영으로 색조와 색감을 줄이고, 광원도 행성 바깥의 심우주에서 들어오는 부채살빛만 유일하게 유지했어요. 퀼의 함선이 자리 잡은 착륙장 반대편에는 티반의 함선도 대기 중인데, 자신의 수집품들을 싣고 타노스의 손아귀로부터 도망칠 준비를 하고 있었습니다. 사실 티반이 탈 함선의 초기 디자인은 로베르토 카스트로가 〈가디언즈 오브 갤럭시〉 제작 당시에 제작했지만 결국 사용되지 않았던 콘셉트를 바탕으로 만들었습니다."

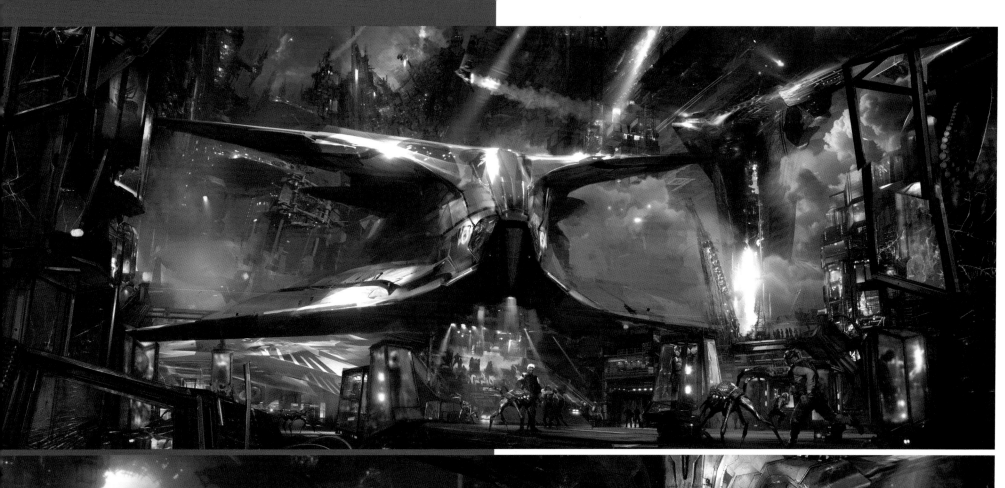

ON THE RUN

도주

지구로 돌아온 헐크는 어벤져스 동료들에게 경고하려고 한다. 하지만 한 가지 문제가 있었다. "어벤져스는 더 이상 하나의 팀이 아니란 점이었죠." 총괄 제작자 트린 트란이 말했다. "캡틴 아메리카의 경우는 최근 몇 년간 비밀스럽게 활동을 하고 있었습니다. 하지만 캡틴은 자신이 도망자 신분이라고 해서 손을 놓은 채 아무것도 하지 않을 인물이 아니죠. 그래서 여전히 자신만의 팀을 이끌고 정의를 위한 싸움을 이어나가고 있었습니다. 그는 타노스의 부하들로부터 완다와 비전을 구하기 위해 블랙 위도우와 팔콘과 함께 깜짝 등장하면서 〈어벤져스: 인피니티 워〉에서 처음으로 모습을 드러냅니다."

타노스의 부하들은 마인드 스톤을 찾아 지구에 온 것이었다. 이 노란색 보석은 원래 〈어벤져스〉에서 디 아더가 로키에게 주었던 창 속에 들어 있었으며, 지금은 비전의 이마에 박힌 채 그에게 생명을 부여하는 역할을 맡고 있다.

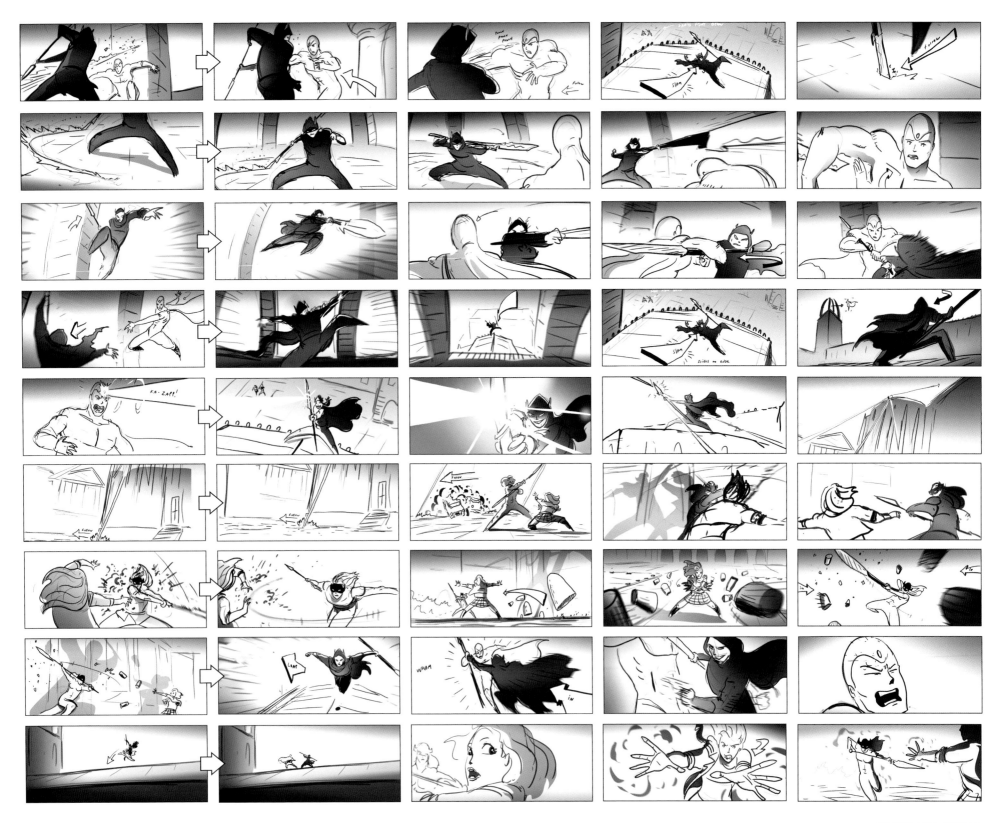

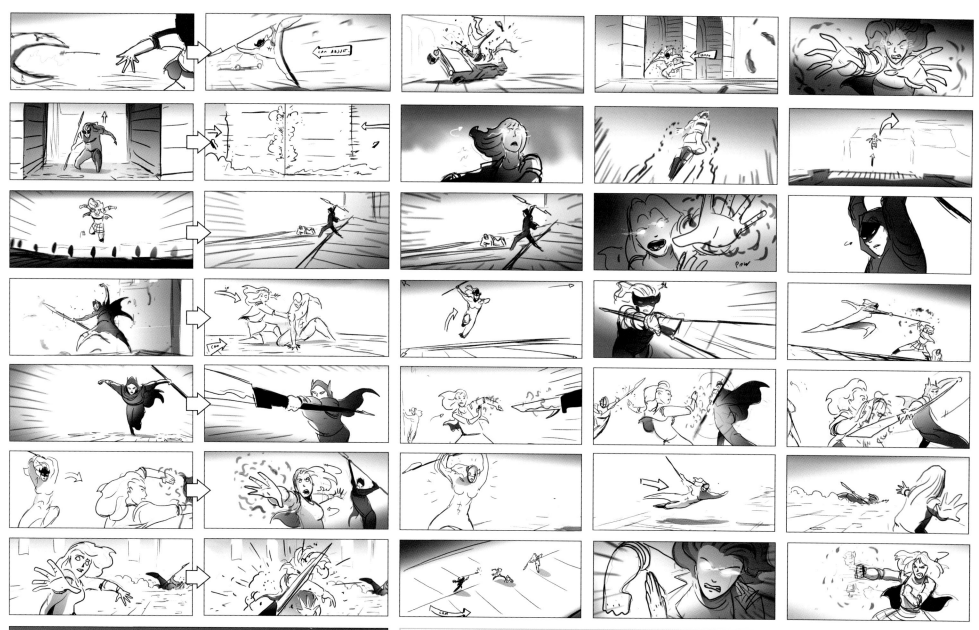

"에든버러 신의 전개는 다양하게 구상되었습니다." 스토리보드 아티스트 브라이언 앤드루스가 말했다. "처음에 루소 형제는 겨울 축제를 배경으로 이 신을 구상했습니다. 캡틴 일행이 먼저 현장에 도착했지만 축제 때문에 사람들이 엄청나게 몰리는 바람에 수많은 산타들 사이에서 비전과 완다를 찾아야 했는데, 그사이에 타노스의 아이들도 도착했죠. 재미있는 요소가 정말 많긴 했는데, 그게 좀 과했어요. 가끔은 과유불급이라 하지 않습니까. 나머지 대본이 계속 완성되면서 신도 점점 뚜렷하게 윤곽을 갖췄습니다. 타노스의 아이들이 도착하는 순간은 마치 공포 영화처럼 처리하기로 했어요. 비전과 완다는 살아남기 위해 추격자들로부터 도망칩니다. 캡틴도 기차 위를 달리거나 뭔가 '액션'스러운 등장을 보여주지는 않습니다. 그 대신 악당들이 그늘 속에서 알 수 없는 그림자를 발견하고 멈칫하더니, 그 그림자가 프록시마의 창을 잡아챈 다음 밝은 곳으로 걸어 나오는 멋진 장면을 만들어냈습니다. 캡틴이 당당하게 등장하는 장면을 정말 '와' 하고 감탄이 터져 나올 만큼 멋지게 만들어주었죠."

CAPTAIN

스티브 로저스는 도망자 신세다. 그는 〈캡틴 아메리카: 시빌 워〉 당시 저지른 행동들로 인해 어벤져스의 신분을 잃었지만 그렇다고 어려움에 처한 사람들을 돕는 것까지 멈추지는 않았으며, 지금도 허가를 받지 않은 채 비밀스러운 활동을 이어나간다. "저는 〈캡틴 아메리카〉의 막바지 작업에 참여했습니다. 디자인 과정이 쉬웠다고는 하지 않겠지만, 그래도 캡틴 아메리카가 영화 줄거리상 보여주는 활약들에는 굉장히 구체적인 비주얼이 필요했기 때문에 전체적인 작업이 일사천리로 진행되기는 했습니다. 덕분에 다른 버전들을 너무 많이 만들 필요 없이 시각 개발 작업을 할 수 있었죠." 마블 스튜디오 시각 개발 부서장, 라이언 메이너딩이 말했다. "〈캡틴 아메리카: 시빌 워〉 이후 캡틴 아메리카의 입지는 언제나 좀 애매했습니다. 현재 그의 내적 입장이 확실하지 않았기 때문이죠. 그리고 이 점을 코스튬으로 어떻게 해석해낼지도 확실하지 않았습니다."

AMERICA

캡틴 아메리카

■ 메이너딩

"캡틴 아메리카에게 똑같은 코스튬을 입히자는 아이디어는 제러미 래첨이 낸 것이었습니다. 대신 헬멧도 벗기고, 별도 떼버리고 어벤져스의 A자도 떼버렸죠." 메이너딩이 말했다. "여기에 캡틴에게 수염을 길러보자는 루소 형제의 제안에다, 더 이상 스타크 인더스트리나 정부 같은 단체의 지원을 제대로 받지 못하므로 좀 더 야위고 고생을 겪은 모습이 되었을 거란 점을 결합했습니다. 그리고 소매도 걷고 코스튬의 일부도 잘라내서 아래에 받쳐 입은 비늘형 방탄복도 비쳐 보이는 등, 그간 숱하게 겪었던 고난을 드러내는 요소들을 더해 보았습니다. 그러자 정말 최전선으로 활약하고 있을 법한, 뭔가 신선한 캡틴 아메리카가 완성되었습니다. 여러분이 화면 속에서 보게 된 캡틴 아메리카는 위 모든 요소들을 결합한 인물인 셈입니다."

메이너딩은 원작 만화책의 시크릿 어벤져스를 응용하여 몇 가지 디자인을 더 만들어내기도 했다. "캡틴 아메리카는 더 이상 어벤져스처럼 큰 조직에 소속되어 있지 않으며 좀 더 은밀한 활동을 벌이고 있으므로, 검은 배색의 옷을 입은 시크릿 어벤져스풍의 디자인도 어울려 보였습니다." 메이너딩이 말했다. "미국 특수 요원풍의 디자인도 이런 느낌에서 나온 것입니다. 붉은색과 검은색 배색의 복장을 입혀본 다음 괜찮은지 한번 살펴본 거죠."

"작업 초반에는 캡틴 아메리카를 시크릿 어벤져스로 만들되 미군 군복도 입히고 훨씬 현실적인 느낌을 강조해서, 마치 전쟁으로 폐허가 된 지역에 파병된 군인처럼 만들어보라는 지시가 내려왔습니다." 메이너딩이 말했다. "루소 형제 역시 캡틴 아메리카가 매우 현실적으로 보이길 원했어요. 그래서 저는 미군 병사들과 특수부대원들의 생김새를 많이 본딴 후, 덥수룩하게 기른 수염으로 마무리를 했습니다. 그러니 캡틴 아메리카의 수염은 꽤 초기부터 결정된 요소였던 셈이죠."

"이번 코스튬 디자인에 시간이 꽤 많이 걸렸습니다. 아마 케빈 파이기가 캡틴 아메리카가 여전히 상징적인 존재로 보이길 원했기 때문인 것 같아요. 케빈은 캡틴 아메리카가 영화가 진행되는 내내 슈퍼 히어로의 모습과 완전히 동떨어지길 원하지 않습니다. 여기서 초반부터 캡틴에게 군복을 입혀놓으면, 영화 속에서 이걸 도로 벗기거나 다른 코스튬으로 갈아 입힐 합리적인 이유를 만들기가 정말 힘들어요. 그래서 한동안은 미국 특수 요원이나 원작 만화 속 노매드 등 보다 날카로운 느낌이 드는 모습들을 다양하게 탐구하면서 혹시 캡틴의 완전히 새로운 모습에 넣을 만한 괜찮은 점이 있는지 살펴보았습니다."

〈캡틴 아메리카: 시빌 워〉에서 스티브 로저스는 자신의 상징적인 방패를 아이언맨에게 넘기고 간다. 즉 〈어벤져스: 인피니티 워〉에서는 새로운 방패가 필요하다는 뜻이다. "제가 이번 방패 디자인 작업을 돕기 시작했을 즈음에는 이미 영화 〈블랙 팬서〉에서 사용할 블랙 팬서 슈트의 디자인이 다 끝난 상태였어요." 메이너딩이 말했다. "이 슈트는 아디 그라노브의 작품이었고, 여기서 은빛 비브라늄 조각을 날카로운 선형으로 박아두는 등 디자인 테마 몇 가지를 응용할 수 있었습니다. 이런 디자인은 블랙 팬서의 슈트를 연상시키기 위한 것이었으며, 묵직한 질감이 느껴지는 방패에서 반사광을 표현해서 일종의 대비 효과도 냈습니다."

"방패의 크기에 대해서는 상당히 많은 논의를 거쳤습니다. 영화 예고편 속 블랙 팬서의 대사 중에서 '이 자에게 방패를 가져다 줘라.'라는 대사가 나오거든요. 저는 분명 이 대사에 뭔가 의미가 있을 거라고, 영화 속에서 이런 대사가 나온다면 실제로 방패처럼 생겨야 할 거라고 생각했어요. 루소 형제는 언제나 이 방패를 일종의 완갑이나 장갑 같은 형태라 여겼고, 케빈 파이기는 이 방패가 좀 더 두툼하면서 실제 방패처럼 보이도록 상당한 크기를 가졌을 거라고 여겼어요. 저는 아디의 디자인 테마를 어느 정도 응용하면서 캡틴 아메리카가 채권 판매 행사 당시 사용했던 최초의 방패도 한 번 연상시켜 보려고 했어요. 실제로도 두 방패 모두 줄무늬가 박힌 점은 비슷한데다, 윤곽선도 전체적으로 똑같다는 느낌이 들죠."

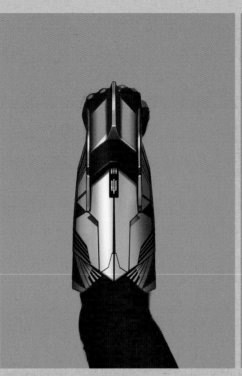
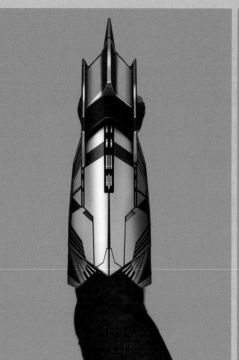
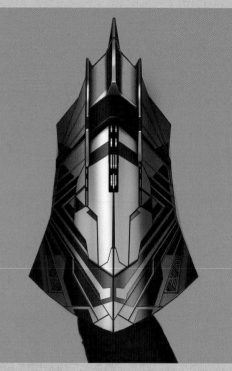
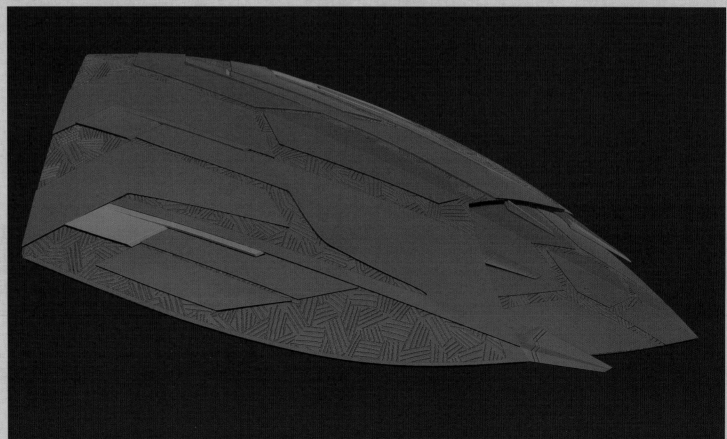

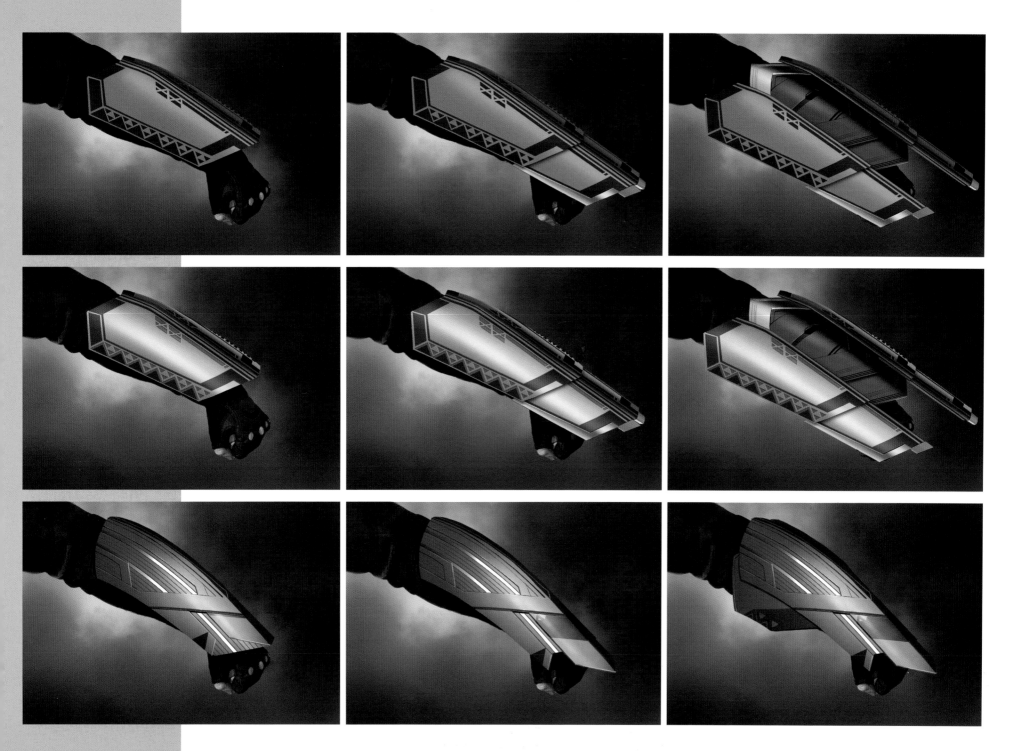

"영화가 제작되는 방식에서 한 가지 재미있던 점은 아직 완성되지도 않은 영화들의 디자인 테마끼리 경쟁을 붙이는 일이 많다는 점이었어요." 메이너딩이 말했다. "우리는 〈블랙 팬서〉의 제작이 막 시작되던 시점에서 이미 어벤져스 3편과 4편의 작업을 시작했습니다. 그래서 라이언 쿠글러 감독이 와칸다에 대한 구체적인 시각적 정보를 보여주기 전까지는 와

칸다가 대체 뭔지도 제대로 모르는 상태에서 캡틴이 사용할 와칸다식 방패를 만들어야 했어요. 그래서 방패와 관련된 초기 작업물 중 다수는 부족 문화에서 본딴 디자인 미학을 확립하는 과정이었지만, 구체적인 작업 기반이 없었기 때문에 디자인 언어를 다른 데서 빌리는 일이 잦았습니다."

어벤저스가 분열된 이후, 나타샤 로마노프는 스티브 로저스를 도와 세계 각지에서 비밀 임무를 수행하고 있었다. "나타샤, 일명 블랙 위도우가 영화 속에서 보여줬던 마지막 모습은 소코비아 협정을 위반하고 도망자 신세가 되는 것이었습니다." 마블 스튜디오 시각 개발 디렉터 앤디 박이 말했다. "그녀는 캡틴 아메리카, 팔콘, 호크아이, 그리고 스칼렛 위치 등과 몸을 숨기고 있습니다. 블랙 위도우의 코스튬은 처음부터 이미 잠행복이라는 느낌이 꽤 강했습니다. 그래서 루소 형제는 자기들도 블랙 위도우가 〈캡틴 아메리카: 시빌 워〉에서 입고 나왔던 기본 복장을 유지하여 슈퍼 히어로적인 면모를 계속 보여주되, 그동안 고생을 겪은 듯한 느낌을 주기 위해 복장에 몇몇 요소를 추가하길 원했습니다."

> "··· 아예 새로운 코스튬을 만들 정도의 능력과 시간은 없지만, 그래도 기존의 코스튬을 수선할 수는 있었을 겁니다."

"제 생각에 블랙 위도우는 도주 중이기 때문에 아예 새로운 코스튬을 만들 정도의 능력과 시간은 없지만, 그래도 기존의 코스튬을 수선할 수는 있었을 겁니다. 그래서 저는 그녀에게 전술 조끼를 입히거나, 스카프를 두르거나, 부위별 방탄 장비를 몇 가지 착용시키는 등 다양한 선택지들을 시험해보았습니다. 또한 진압봉도 등에 멘 작은 배낭에 부착시켜서 마치 위쪽으로 뻗어나가는 듯한 윤곽선을 만들어냈습니다. 하지만 블랙 위도우가 금발로 염색을 했다는 사실은 알지 못했습니다. 이 부분은 콘셉트 디자인 단계를 거친 후에야 결정이 되었기 때문이었습니다. 처음에는 좀 놀랍긴 했지만, 은신 생활에 필요한 위장이라는 콘셉트 자체는 꽤 합리적이더군요."

앤디 ■

BLACK WIDOW

블랙 위도우

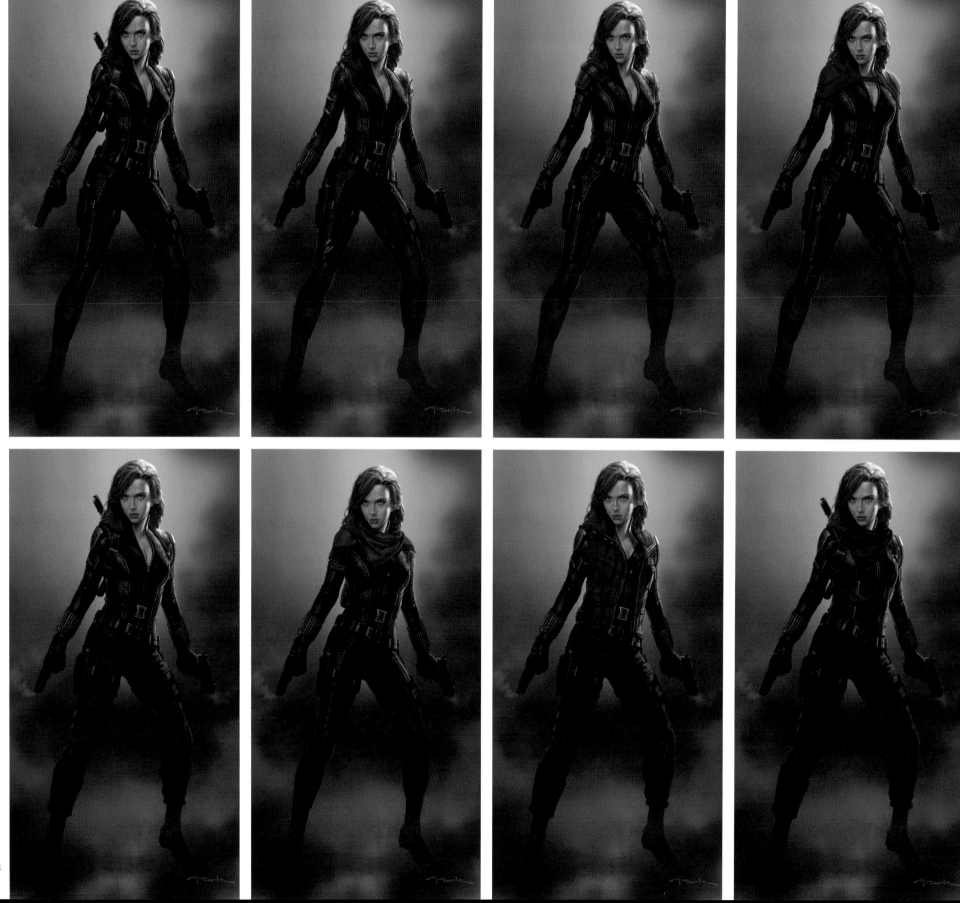

샘 윌슨은 계속해서 스티브 로저스의 충실한 친구로 남는다. 〈캡틴 아메리카: 시빌 워〉 사태 이후 윌슨은 더 이상 공식적인 어벤져스 소속이 아니지만, 여전히 캡틴과 나타샤와 함께 활동하면서 자신의 팔콘 슈트를 입고 전 세계에서 수많은 작전들을 펼친다. "일명 시크릿 어벤져스의 핵심 구성원이 된 팔콘, 블랙 위도우, 그리고 캡틴 아메리카는 노련하고 굳세며, 서로 한 팀이 되어 굉장한 협동력을 보여줍니다." 공동 감독 조 루소가 말했다.

FALCON

스티브 로저스나 나타샤 로마노프의 디자인 콘셉트와 마찬가지로, 샘 윌슨의 장비들도 예전보다 낡아버린 모습을 보여준다. "스티브와 함께 활동을 벌인 결과, 팔콘의 장비는 전체적으로 좀 더 낡고 색감도 더 어두워졌습니다." 콘셉트 아티스트 조시 니치가 말했다. "몇몇 부위에는 추가 장갑을 붙이기도 했어요. 두상 디자인에는 원작 만화의 코스튬에서 따온 요소들을 더 많이 구현하거나, 아니면 더 최첨단 기술이 적용된 것으로 보이는 고글을 씌워주는 건 어떨지 생각했습니다."

"… 원작 만화의 코스튬에서 따온 요소들을 더 많이 구현하거나 … 어떨지 생각했습니다."

다들 눈치 챈 요소는 아니지만, 〈캡틴 아메리카: 시빌 워〉에서는 팔콘 슈트의 양발 부위에 추진기가 추가되었다. "팔콘의 등 부분에 레드윙을 적재할 공간을 마련하기 위해 원래 있던 대형 추진기를 없앴습니다." 니치가 말했다. "이렇게 없어진 출력을 보조하기 위해 양발의 추진기를 추가한 겁니다. 이런 아이디어는 토니가 팔콘의 장비 개조를 돕는다는 설정을 바탕으로 만들었습니다. 아이언맨 슈트에 적용된 것과 같은 추진기를 추가해준 거죠."

샘의 충실한 드론도 다시 영화에 등장한다. "레드윙도 설계가 업그레이드되었습니다." 니치가 말했다. "이번에 업그레이드된 버전의 드론들은 더 작게 접을 수 있어서 적재 공간을 적게 차지하기 때문에, 소형 드론들을 등에 추가로 수납하는 게 가능해졌습니다. 이 소형 드론들은 떼를 지어서 적에게 몰려가 폭발할 수도 있습니다."

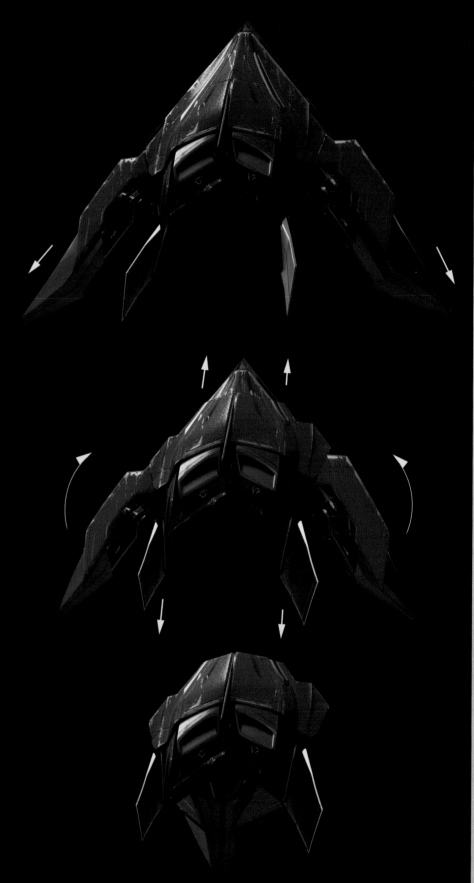

■ 니치

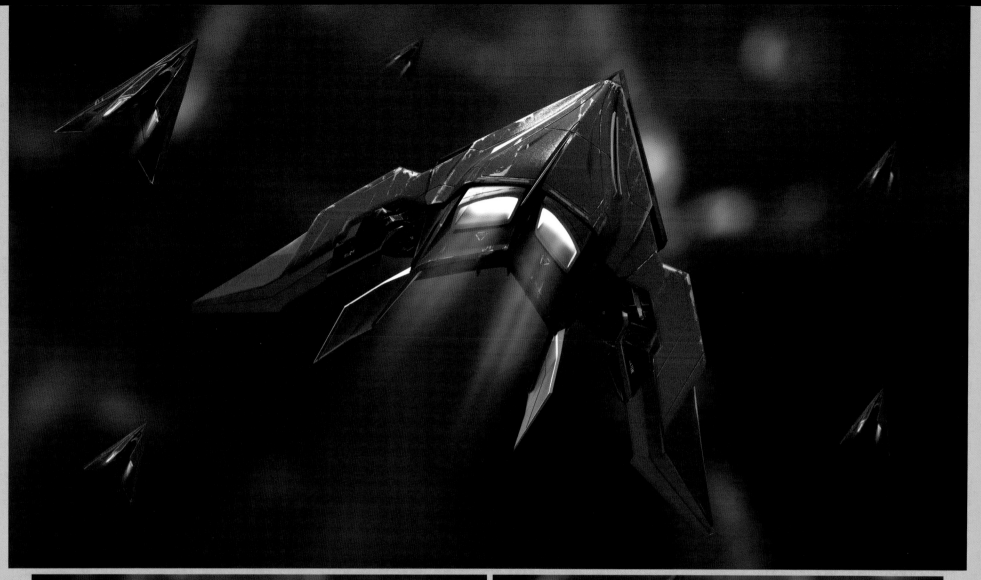

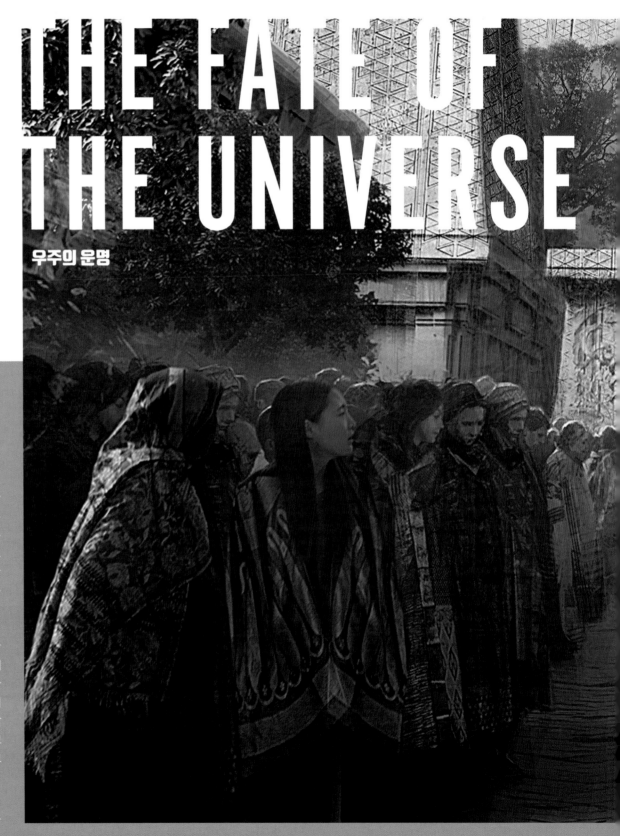

THE FATE OF THE UNIVERSE

우주의 운명

우주는 신화적 싸움의 전장으로 변모하고, 우주 생명체 절반의 목숨이 이 싸움의 결과에 달렸다. 마블 시네마틱 유니버스의 팬들이 지난 십여 년간 알았고 또 사랑해왔던 영웅들 모두가 타노스에게 맞선다.

"영화 속 수많은 캐릭터들이 타이탄을 향해 떠납니다." 공동 감독 앤서니 루소가 말했다. "우리는 타노스가 타이탄에서 자신의 수하 중 한 명, 에보니 모와 접선을 하려 했다는 걸 알고 있죠. 그런데 토니 스타크와 스티븐 스트레인지, 그리고 피터 파커가 모두 에보니 모의 함선에 들어간 다음, 모를 제압하고 함께 타이탄으로 떠납니다. 또한 우리는 가디언즈 오브 갤럭시가 타노스에게 납치된 가모라의 뒤를 쫓는다는 줄거리도 넣었습니다. 그러니 퀼과 드랙스, 맨티스, 그리고 타노스의 함선에서 자력으로 탈출한 네뷸라까지 타이탄으로 향하고 있는 거죠. 이처럼 타이탄에서 타노스를 저지하려는 자들이 꽤나 많습니다."

여기에 또 다른 일행은 와칸다에서 비전과 마인드 스톤을 지키기 위한 싸움을 준비한다. "영화 〈블랙 팬서〉의 막바지에서 티찰라 왕은 바깥 세계를 돕기 위해 와칸다를 개방했죠. 그러니 캡틴 아메리카가 '저기, 내가 아는 사람 중에 도와줄 만한 사람이 하나 있는데…'라고 말을 꺼내기에는 완벽한 타이밍인 겁니다." 총괄 제작자 트린 트란이 말했다. "그리고 그는 실제로 티찰라에게 도움을 청하고, 티찰라는 캡틴 일행을 두 팔 벌려 맞이해줍니다. 이렇게 와칸다가 영화에 등장합니다. 티찰라의 진영인 슈리, 오코예, 음바쿠, 그리고 티찰라가 동원한 모든 부족들까지요. 타노스와 그의 군대가 오고 있다는 걸 알고 있으니 전쟁을 준비해야 하지 않겠습니까."

체서 ▶

NIDAVELLIR 니다벨리르

토르, 로켓, 그리고 그루트는 니다벨리르에 살고 있는 드워프들이 타노스를 처치할 수 있는 무기를 만들어줄 수 있기만을 바라며 니다벨리르로 향한다. 이 행성의 대장장이들은 예로부터 우주에서 가장 강력한 무기들(토르의 망치 몰니르처럼)을 제작해왔다.

하지만 이 여정은 그리 호락호락하지 않았다. 타노스는 이미 토르 일행보다 한발 앞서 니다벨리르를 방문했고, 드워프들을 강제로 시켜서 인피니티 건틀렛을 만들게 한 다음 그들 대부분을 죽이고 별을 폐허로 만들어놓았다. 토르는 신을 죽일만한 무기를 손에 넣기 위해 자신의 전설적인 능력을 모조리 발휘해야 할 처지에 놓인다.

"어렸을 적 제가 토르를 좋아했던 점 중 하나는 토르가 신이고, 또한 신에게 걸맞는 능력을 갖췄다는 것이었어요." 공동 감독 조 루소는 말했다. "이것은 마치 헤라클레스의 과업과도 같은 거죠. 우주에서 몇 안 되는 자들만이 보여줄 수 있는 정신 나간 수준의 능력을 통해, 마찬가지로 정신 나간 수준의 과업을 해내야 하는 겁니다. 하지만 그 외에도 토르를 매력적으로 만들어주는 요소 하나가 있다면 바로 천진난만한 미소라고 할 수 있죠."

"한 순간에 모든 것을 잃어버린 인물치고는 꽤 어린아이 같은 면모죠." 공동 감독 앤서니 루소가 거들었다.

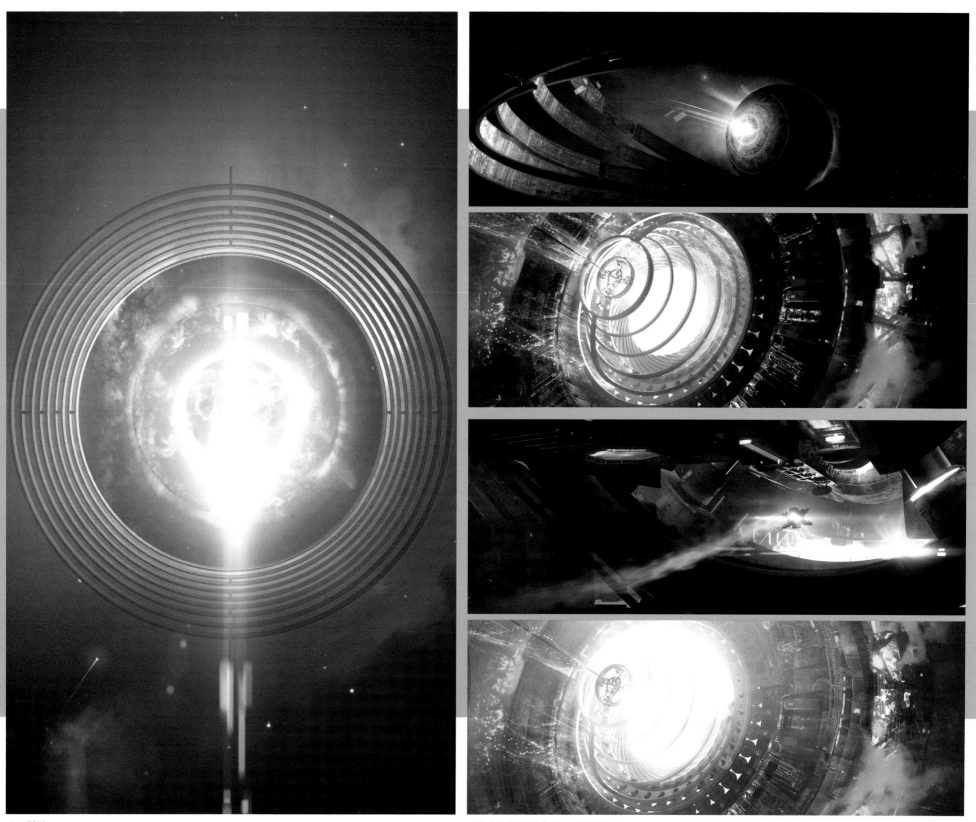

가끔씩은 디자인의 첫 번째 버전이(혹은 열두 번째 버전조차도) 결국 영화관의 화면에 상영되지 않는 경우가 있다. 위에서 보여주는 토르가 스톰브레이커를 찾으러 가는 과정의 초기 콘셉트들도 그런 경우에 들어간다. "저는 마블 스튜디오에서 일하는 게 너무 좋고, 또한 〈어벤져스: 인피니티 워〉 같은 영화가 정말 수많은 과정을 거쳐 마침내 완성되는 모습을 보는 것도 좋습니다." 선임 시각 개발 아티스트, 로드니 푸엔테벨라는 말했다.

◀ 랭 ▲ 푸엔테벨라

니다벨리르는 행성의 에너지를 통째로 이용할 수 있도록 별을 감싸는 구조로 건설되었다. "니다벨리르의 다이슨 스피어(SF 장르에서 항성 등을 감싸 그 에너지를 완전히 이용할 수 있게 건설한 거대 구조물)와 대장간, 그리고 그 작동 방식 등을 구상하는 데는 꽤 오랜 시간이 걸렸습니다." 조 루소가 말했다.

"구상 과정에서 정말 많은 콘셉트 아트들을 제작했습니다. 시각 효과도 제작하고 있었기 때문에 콘셉트를 계속 다듬었어요. 다행히 니다벨리르가 대장간 행성이라는 사실은 딱히 숨길 수도 없는 분명한 사실이었고, 다 함께 공개 작업을 해야 하는 부분이기도 했습니다."

▲ 위 케슬러 / 아래 톰프슨

제작자들은 토르가 니다벨리르로 향해 떠나는 여정을 타노스와도 연결시켜야 했다. "이 신은 토르에게 시련을 줄 뿐만 아니라, 타노스가 가져온 파괴도 보여줄 수 있어야 했습니다." 공동 각본가 스티븐 맥필리가 말했다. "또한 관객 여러분께 인피니티 건틀렛의 제작에 얽힌 비화를 조금 알려주는 것은 물론, 타노스가 아주 무자비한 개자식이라는 점도 보여줄 수 있어야 했죠."

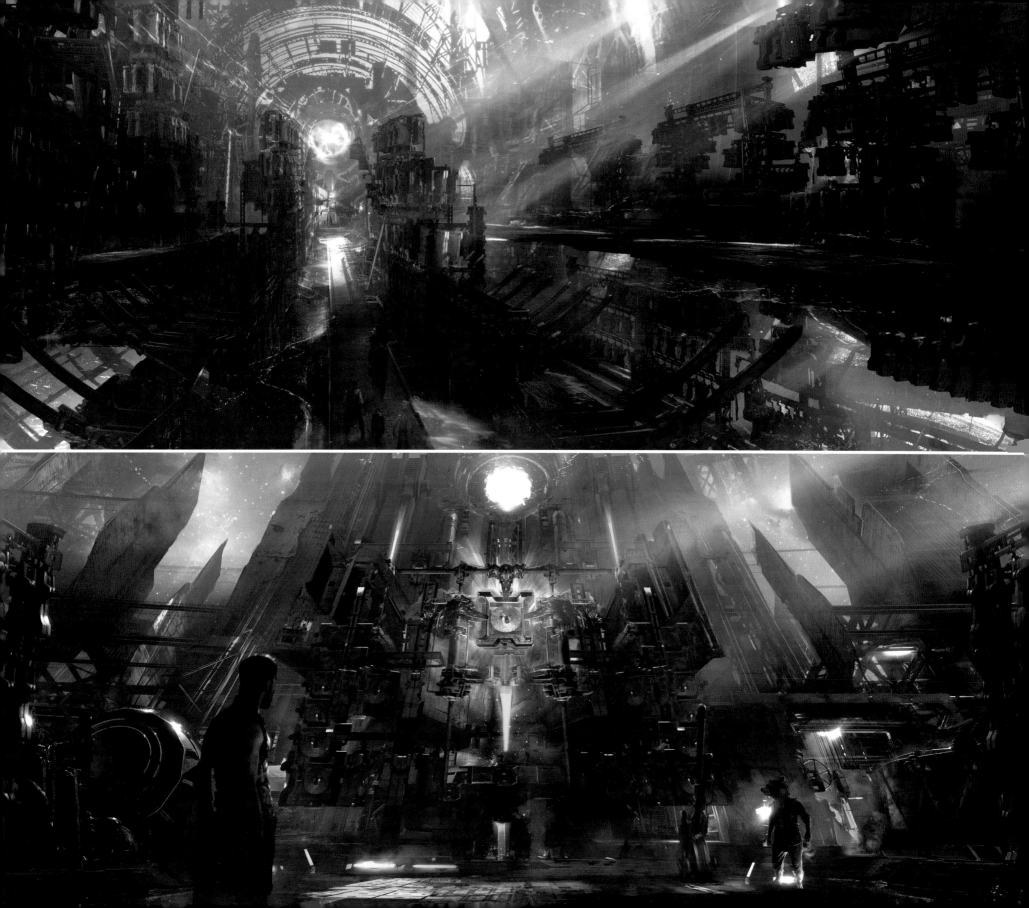

EITRI 에이트리

니다벨리르의 유일한 생존자 에이트리는 타노스에 의해 동족 드워프들이 모두 학살당하고 자신의 양손도 우르 금속으로 굳어져버리는 비극을 겪었기에, 토르가 타노스를 물리칠 수 있도록 신조차 죽일 수 있는 무기를 만들어주기로 한다. "에이트리의 모습은 (선임 시각 개발 아티스트) 로드니 푸엔테벨라와의 협동을 통해 제작했습니다." 코스튬 일러스트레이터 크리스찬 코델라가 말했다. "작업 과정은 로드니가 시작했습니다. 그리고 코스튬 디자이너 주디아나 마코프스키와 제가 실용성에 전체적인 중점을 두고 복장의 마무리 작업을 했죠. 에이트리의 디자인 요소 제작에서는 복장의 구조와 이음매의 복잡성 등에 중점을 두었습니다."

코델라 ■

▲ 코델라　　　　　　　　　　　　　　　　　푸엔테벨라 ▶

◀ 푸엔테벨라

"에이트리는 … 신조차
죽일 수 있는 무기를
만들어주기로 한다."

"원래 이 신의 대본에는 그냥 '그루트가 에이트리를 돕는다.'고만 되어 있었기 때문에, 온갖 자유로운 구상을 통해 흥미롭고 독특한 장면을 만들어볼 수 있었습니다." 콘셉트 아티스트 존 스타웁이 말했다. "저는 이 신에 대한 대본도 받았을 뿐만 아니라 뭔가 멋진 장면을 만들 수 있을 거라는 기대까지 받고 있었습니다. 여기서 감독의 권한도 약간 부여받은 덕분에 제 아이디어를 최대한으로 발휘할 수 있었습니다. 그루트가 자신의 팔을 늘리거나 변형해서 싸울 수 있다는 점은 이미 잘 알려진 사실이죠. 이 능력을 좀 더 정밀하게 활용하여 물건을 집거나 뭔가를 만드는 작업을 돕는데 쓰는 장면을 넣는다면 굉장히 멋질 거라고 생각했어요. 또한 그루트가 에이트리의 등에 마치 배낭처럼 매달린 채 자신들의 처지에 대해 서로 만담을 주고받는다면 꽤 귀여워 보일 거라고 생각했어요. 저는 일단 그루트가 에이트리를 돕는 방식에 중점을 두고 신을 간단하게 구성했습니다. 너무 역동적이거나 강렬하지도 않고, 좀 더 직관적으로 보이도록 만들었죠. 그루트가 마치 살아있는 슈트가 되어서 에이트리의 작업을 돕는 상황을 다양하게 상상하면서 신 구상 작업을 하자니 정말 재미있었습니다."

▲ 위 스타웁 / 아래 프랜시스코

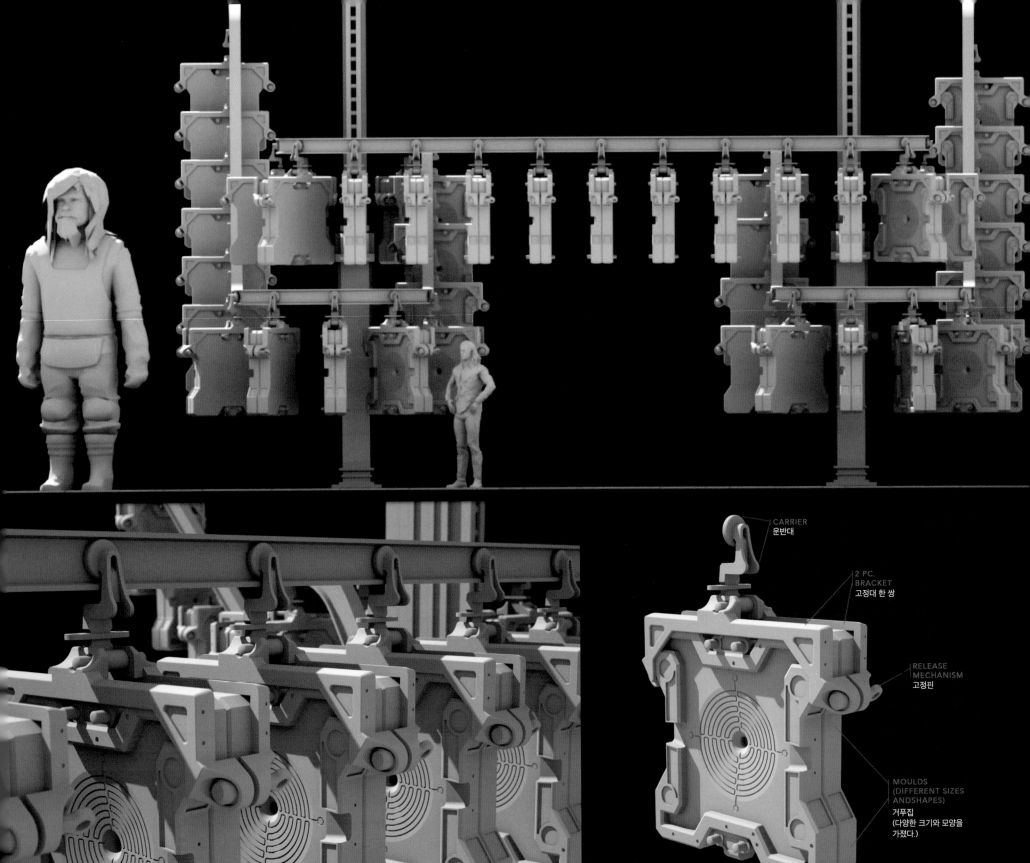

CARRIER
운반대

2 PC.
BRACKET
고정대 한 쌍

RELEASE
MECHANISM
고정핀

MOULDS
(DIFFERENT SIZES
ANDSHAPES)
거푸집
(다양한 크기와 모양을
가졌다.)

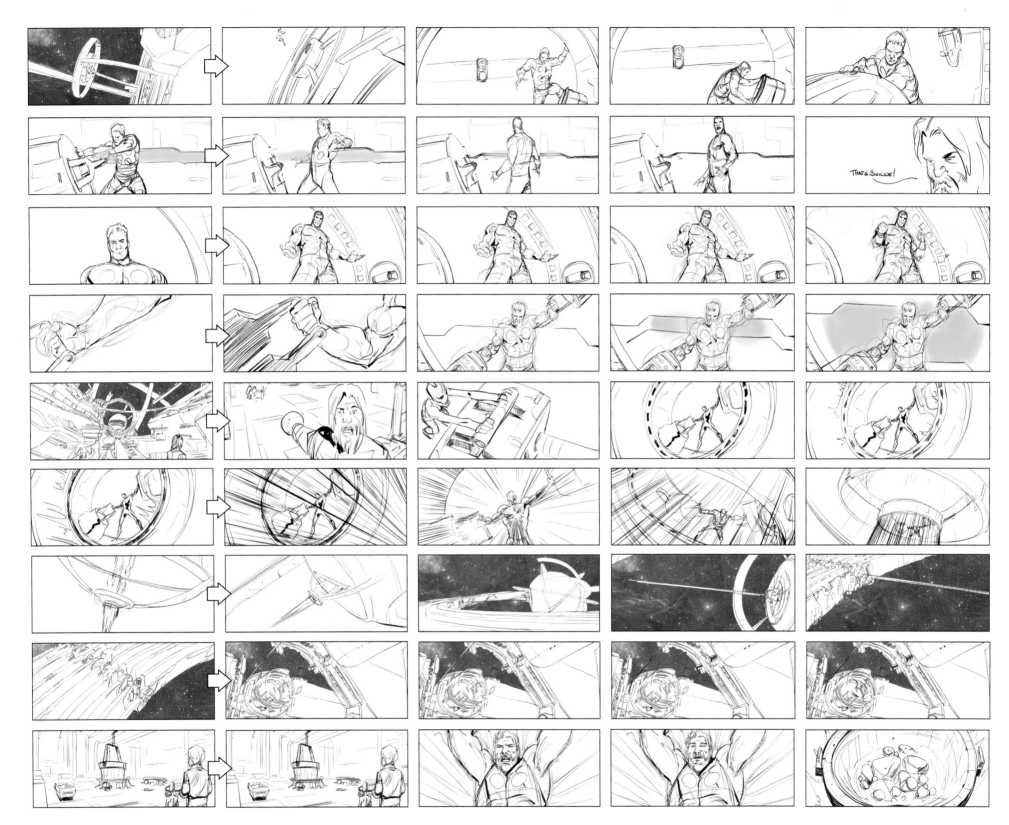

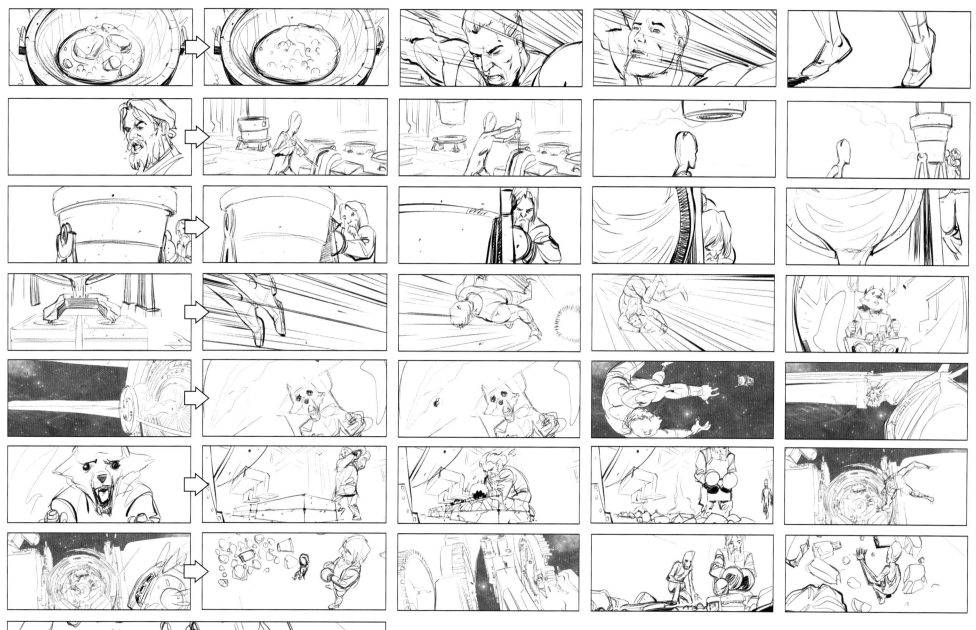

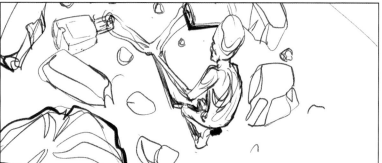

토르는 니다벨리르의 대장간에 화력을 공급하는 조리개를 열어두기 위해, 꺼져가는 별의 힘을 온몸으로 버텨내야 한다. 이로 인해 토르는 만신창이가 되어 죽어가고, 토르를 되살릴 수 있는 것은 오직 스톰브레이커의 힘뿐이다. 도끼 머리는 완성이 되었지만 그 손잡이는 보이지 않는 상황에서, 그루트는 자신의 몸을 사용해 이 무기를 완성한다. "그루트를 활용해서 스톰브레이커의 일부를 만든다는 아이디어는 정말 굉장했습니다." 마블 스튜디오 시각 개발 부서장, 라이언 메이너딩은 말했다. "두 부분으로 나뉘어 완성된 스톰브레이커의 도끼 머리가 거푸집에서 나오면, 그루트가 자신의 팔로 도끼 머리를 하나로 합치죠. 모델러인 애덤 로스가 이 아이디어를 생각해낸 다음 일러스트레이션 몇 장으로 보여주었고, 이게 실제로 영화 속에 구현이 된 걸 직접 보니 정말 멋졌죠."

■ 해리스

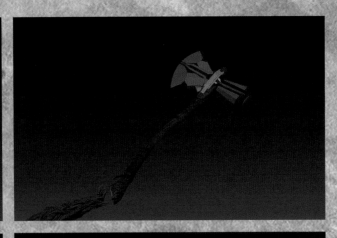

"저는 언제나 원작 만화의 베타 레이 빌이 사용하는 무기, 스톰브 레이커가 묠니르와 꽤 비슷하다는 생각을 갖고 있었습니다." 메이너딩이 말했다. "그것보다는 〈얼티미츠〉에서 등장했던 묠니르와 비슷한 생김새를 원했습니다. 이 무기는 좀 더 복잡한 선들로 구성되어 있는데다 탄탄한 무게감도 느껴지기 때문에, 묠니르와 같은 다른 무기와는 굉장히 대조적이죠. 거의 불공평하다고 느껴질 정도죠. 지나치게 강력하다고나 할까요? 이런 무기는 정말 엄청나게 강력한 자가 아니라면 집어들 수조차 없을 겁니다."

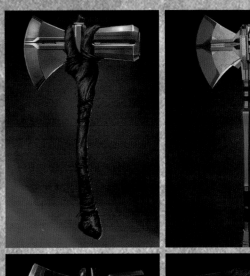

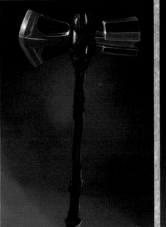

로스 ▲

위, 아래 왼쪽 메이너딩 / 아래 오른쪽 로스 ▲

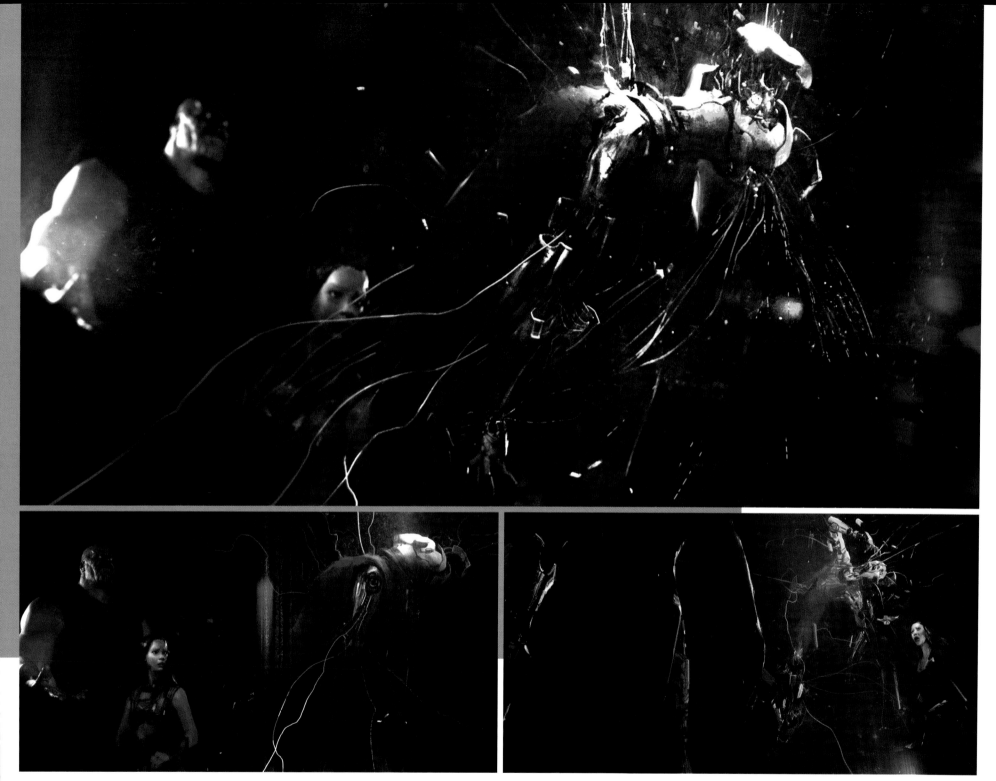

타노스는 가모라로부터 소울 스톤이 위치한 장소를 알아내기 위해 그녀의 눈앞에서 여동생 네뷸라를 고문한다. "가모라 역시 네뷸라가 현재의 로봇 같은 모습으로 변하는데 어느 정도 책임이 있기 때문에, 자신의 자매에게 상당히 약한 모습을 보입니다." 조 루소는 말했다. "가모라가 훈련에서 네뷸라를 이길 때마다, 타노스는 그 벌로 네뷸라를 더 강한 전사로 만들겠다며 그녀의 신체를 점점 로봇으로 바꿔버렸습니다. 그러니 이 인

물들 사이에는 상당한 비극이 벌어지고 있던 셈입니다. 가모라에게는 비극적인 아이러니라고 할 수 있죠."

〈가디언즈 오브 갤럭시 VOL. 2〉에서의 사건으로 인해 두 사람의 관계는 더욱 돈독해졌고, 이로 인해 가모라는 결국 여기서 무너지고 맙니다." 공동 각본가 스티븐 맥필리가 거들었다. "예전이라면 소울 스톤의 정보를 넘기지 않았을지 모르지만, 이제는 넘길 수밖에 없게 됐죠."

■ 메이킹

VORMIR
보르미르

타노스는 가모라로부터 소울 스톤의 위치를 알아내기 위해 그녀의 눈앞에서 네뷸라를 고문한다. 여동생이 고통받는 모습을 더 이상 볼 수 없던 가모라는 결국 포기하고 타노스를 소울 스톤이 위치한 장소로 데려간다.

"보르미르는 이번 영화에서 만들어낸 가장 영적인 장소 중 하나일 겁니다." 제작 디자이너 찰리 우드가 말했다. "이 배경은 총 두 곳의 실제 환경을 참고해서 만들었습니다. 타노스와 가모라가 처음 착륙한 장소는 브라질에 위치한 아름다운 모래사막을, 산꼭대기는 아이슬란드에서 찾아낸 산을 기반으로 제작했습니다."

"여기서의 바위를 표현하는 작업은 극도로 어려웠고, 조금이라도 결과물의 품질이 떨어진다면 곧바로 티가 날 것이었습니다. 그래서 실제로 존재하는 바위와 동굴, 그리고 산지 등의 수많은 표면들을 본뜬 다음, 이런 실제 표면의 표본을 갖고 세트장을 건설하는 방식을 사용했습니다. 그러니 이건 100퍼센트 진짜 바위의 복제판인 셈이죠. 그런 다음에는 그 위에 이끼들을 많이 붙여놓고 키우는 등 이곳이 최대한 고대의 장소처럼 느껴지도록 만들기 위해 수많은 기법을 모조리 동원했습니다."

■ 케슬러

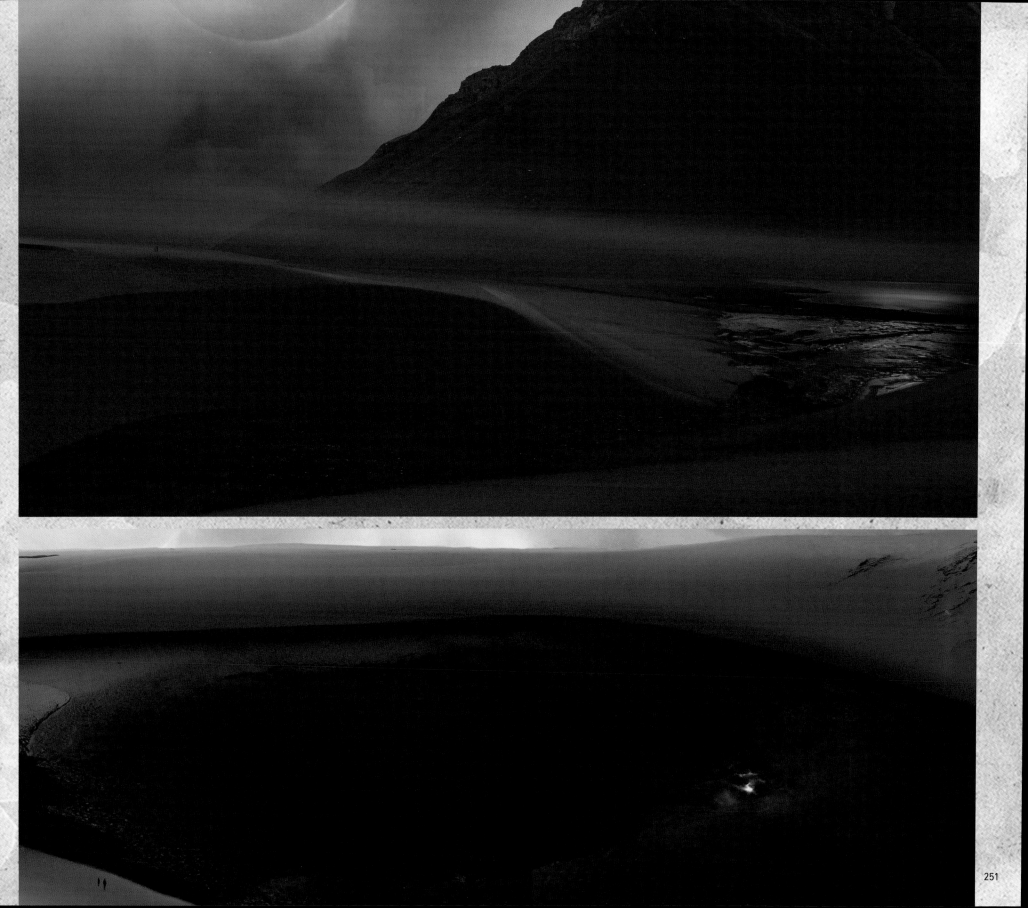

KEEPER OF THE STONE

스톤의 수호자

타노스와 가모라는 보르미르에서 소울 스톤의 수호자, 레드 스컬을 만난다. "레드 스컬은 MCU 속 영화 전체를 통틀어서 이 인피니티 스톤들에 처음으로 집착한 인물입니다." 공동 각본가 크리스토퍼 마커스가 말했다. "그리고 영화 〈퍼스트 어벤져〉의 결말에서 생사 여부가 명확하게 밝혀지지도 않았죠. 레드 스컬의 행방은 많은 궁금증을 사고 있었기 때문에 지금 이 장면에서 다시 등장시키기에 완벽하게 어울린다고 생각했습니다."

▲ 슈릴

■ 푸엔테벨라

■ 푸엔테테벨라

■ 푸엔테벨라

"레드 스컬이 돌아온다는 사실은 이미 작업의 극초기부터 알고 있었습니다." 푸엔테벨라가 말했다. "MCU의 주축이 되는 이 인물을 작업하게 된다니 정말 들떠 있었습니다. 본격적인 등장 전까지는 그저 스톤의 수호자라고만 불릴 이 인물이 사실 레드 스컬이었다는 걸 관객들에게 알려줄 시점에 대해 많은 검토를 해보았습니다. 그의 얼굴은 어떻게 가려져 있을지, 또 소울 스톤이 그의 생명이나 영혼을 얼마나 빨아먹었는지에 대해 다양한 디자인을 제작했습니다. 또한 소울 스톤이 레드 스컬에게 발휘한 영향력으로 인해 유령 같은 형상으로 변해 버렸을지, 아니면 반대로 영혼이 없는 존재로 변해 있을지에 대해서도 생각해보았죠."

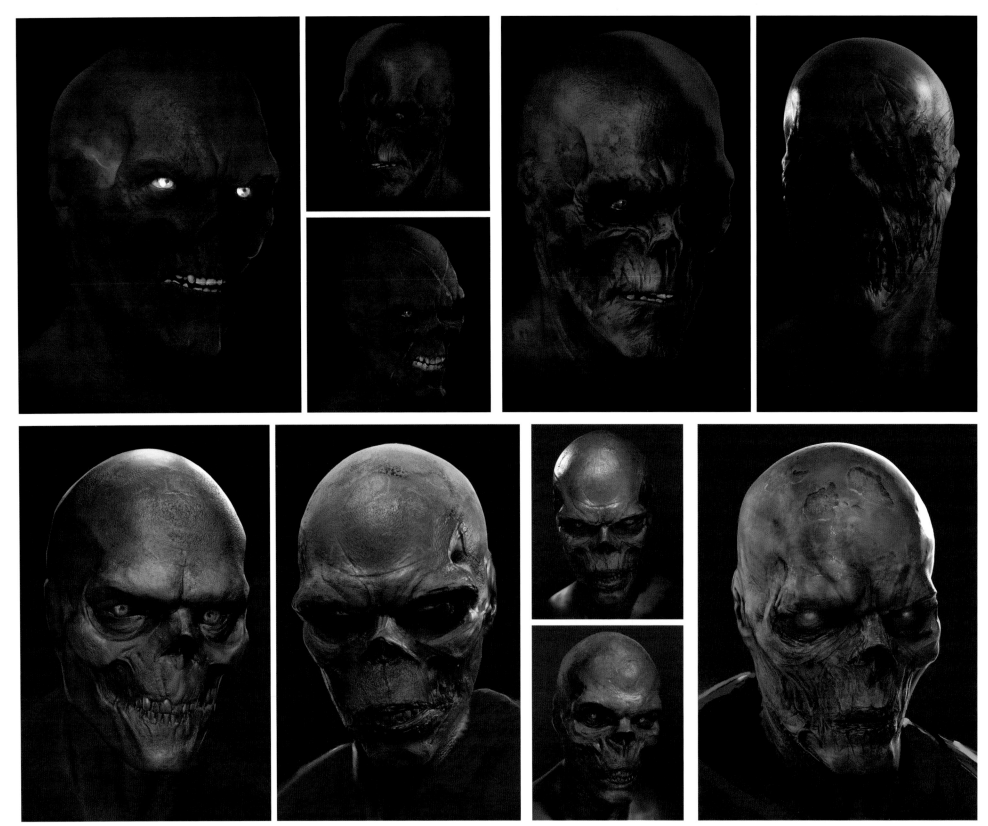

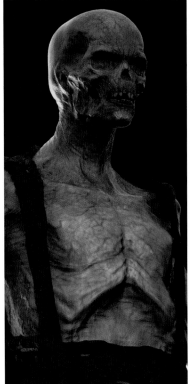

"레드 스컬의 재등장은 정말 재미있는 요소였습니다." 콘셉트 아티스트 이언 조이너가 말했다. "그 모습을 좀 더 음침하고 무시무시하게 만드는 작업은 정말 재미있게 탐구해볼 수 있었습니다. 레드 스컬을 어벤져스 시리즈처럼 좀 더 큰 얼개를 가진 작품에 출연시키는 것은 세계관의 공유라는 개념을 재조명하는 것이거든요. 레드 스컬이 미지의 힘에 삼켜져 사라지는 최후를 보여준 후, 오랜 세월이 흐른 현재에 와서야 그에게 무슨 일이 벌어진 것인지, 또 그 행방은 어디에 있었던 것인지 알게 되었으니 말이죠."

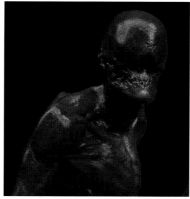

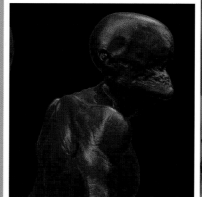

세케리스 ▲ ▶

▲ 메란츠

타노스는 소울 스톤을 얻기 위해 자신이 가장 사랑하는 존재, 자신이 가장 아꼈던 딸인 가모라의 영혼을 희생해야만 한다. "이번 영화는 타노스의 여정을 주제로 한 영화로 만들어냈기 때문에, 타노스 역시 고난을 겪어야만 했습니다." 마커스가 말했다. "그리고 인생이 항상 고난으로 가득 차 있던 인물에게 있어 진정한 고난이란 무엇이겠습니까? 바로 사랑하는 사람을 잃는 것이죠. 그리고 이런 상실이 그저 우연히, 혹은 아무런 목적도 없이 일어나도록 만들 수는 없었습니다. 가모라와 같은 주연급 인물을 죽여야 한다면, 타노스의 딸을 죽여야 한다면 당연히 줄거리상으로 중요한 이유가 있어야 합니다. 이 점은 아직까지도 정체가 묘연했던 마지막 인피니티 스톤과 엮기에도 아주 잘 어울렸죠."

"이번 작품에서 2막의 결말은 우리에게도 언제나 암울하게 느껴졌습니다. 보통은 인물의 차원에서 가장 어둡게 느껴졌지만, 때로는 그런 느낌이 줄거리의 차원까지 번졌죠." 스티븐 맥필리가 말했다. "단순하게 보면 '이런, 가모라가 죽었어. 어벤져스에게는 비극이네. 관객들도 슬퍼할 수 있겠네.'라고 볼 수 있지만, 2막의 결말이 어두운 이유는 이게 아닙니다. 그 결말이 어두운 이유는 타노스에게 있어 비극이기 때문이죠. 타노스에게 일어날 수 있는 최악의 일이 벌어진 겁니다. 자신이 원하는 것을 얻기 위해 그 무엇보다도 사랑하던 한 사람을 포기해야 했으니 말입니다."

TITAN

타이탄

타노스의 고향 행성인 타이탄은 비극적인 역사를 가졌다. "영화에 등장하기 전 시점에서 타노스의 행성은 엄청난 대격변을 겪고 있었습니다." 조 루소는 말했다. "자원은 고갈되는데다 인구 과잉 문제까지 발생했습니다. 타노스는 소시오패스이기에 행성 주민 중 절반을 무작위로 선별해 학살하여 나머지 절반을 구하자는 제안을 합니다. 물론 타이탄인들은 그런 제안을 거부하고 타노스에게 광인이라는 낙인을 찍어 추방해 버립니다. 이후 타이탄은 결국 멸망합니다."

그러니 타노스가 또 다른 인피니티 스톤을 손에 넣고 자신의 목표에 한 발짝 더 다가설 장소로는 타이탄이 어울린다. 또한 토니 스타크가 타노스를 저지하기 위해 그와 맞서는 장소로도 마찬가지다. "타이탄은 당연히, 토니가 직접 그 행성으로 향하는 방식으로 등장하게 됩니다." 마블 스튜디오의 실질 제작 부사장, 빅토리아 알론소가 말했다. "아이언맨은 지금껏 타노스에게 집착하면서 6년 동안이나 싸워왔고, 선택권도 이미 한 번 주어졌습니다. 닥터 스트레인지가 묻죠. '지구로 돌아갈 수는 없나?' 그러자 토니가 말하죠. '돌아갈 수는 있다. 하지만 난 지금껏 이 순간을 기다려왔기 때문에 돌아가지 않을 것이고, 도망치지도 않을 것이다. 나는 정면으로 맞설 거고, 우리 모두가 이 자에게 정면으로 맞설 것이다.' 이들은 타이탄에서 무엇과 맞닥뜨릴지도 아직 알지 못합니다. 타이탄이 황폐해진 행성이란 점도 모릅니다. 생명이 전혀 없는 곳이란 것도 모릅니다. 아예 타노스가 올지 안 올지도 모릅니다. 그러니 (스파이더맨의 도움까지 더해) 총 세 사람은 아주 명확한 선택을 내리고 타이탄으로 향한 셈입니다. '지금껏 날 악몽에 시달리게 했던 대상으로부터 도망치는 대신, 우린 정면으로 맞설 것이다. 한판 붙어서 물리칠 것이다. 최소한 시도라도 해볼 것이다.'라고요."

"타노스를 그토록 위대한 악당으로 만드는 요소는 자신이 믿는 방식이야말로 유일한 방법이라는 확신과 신념에 있습니다. 다른 해결책은 있을 수 없어요." 마블 스튜디오 부사장 루이스 데스포지토가 말했다. "타노스는 자신의 고향에 닥친 운명을 직접 확인했죠. 그래서 대의를 위해 필요한 일을 한다는 겁니다. 그런 확신과 신념이 있기에, 타노스는 진정 강력한 악당으로 거듭나는 거죠."

"닥터 스트레인지는 〈어벤져스: 인피니티 워〉에서 매우 중추적인 인물입니다." 트린 트란이 말했다. "매우 중요한 역할을 수행하죠. 그는 타임 스톤을 갖고 있고, 타노스 역시 이 타임 스톤을 가지려 합니다. 그래서 스트레인지는 토니와 스파이더맨과 함께 협동하여 타노스의 아이들 중 한 명을 물리친 다음, 타이탄에서 타노스에게 직접 맞섭니다. 닥터 스트레인지는 탐구할 점이 정말 많기에 재미있는 인물입니다. 영화 〈닥터 스트레인지〉에서는 그의 모습 중 극히 일부만을 보여주었지만, 〈어벤져스: 인피니티 워〉에서는 아예 타노스와 직접 대립시켜 보이고 싶었습니다. 타노스 역시 스톤의 대부분을 손에 넣었기에 닥터 스트레인지와 놀아줄 만한 힘을 가졌으니 말입니다. 우리는 두 사람이 맞서는 순간을 '마법 결투'라고 불렀습니다."

BATTLE AT WAKANDA

와칸다 전투

타노스는 마인드 스톤, 즉 비전의 정신을 구성하는 근원을 가지려 한다. 매드 타이탄이 이 스톤을 쫓는다는 걸 알게 된 스티브 로저스는 친구를 도우러 나선다.

"스티브가 와칸다로 가서 티찰라에게 도움을 청하고, 티찰라 역시 이런 요청에 기꺼이 응하여 우리의 영웅들을 받아들이는 모습은 〈블랙 팬서〉의 결말에서 보여주었던 가장 큰 메시지와도 잘 부합한다고 생각합니다." 총괄 제작자 트린 트란이 말했다.

티찰라는 지구 최고의 기술을 보유한 나라의 수장으로서, 그 자신도 와칸다와 지구 모두를 타노스로부터 지켜내는 과업에서 매우 중요한 역할을 맡았다는 사실을 깨닫는다. 티찰라와 와칸다 병력은 캡틴 아메리카, 윈터 솔져, 워머신, 블랙 위도우, 그리고 팔콘 일행과 힘을 합쳐 매우 강력한 군대를 형성한다.

이전 페이지 슈릴 ■ 스타웁 ▲

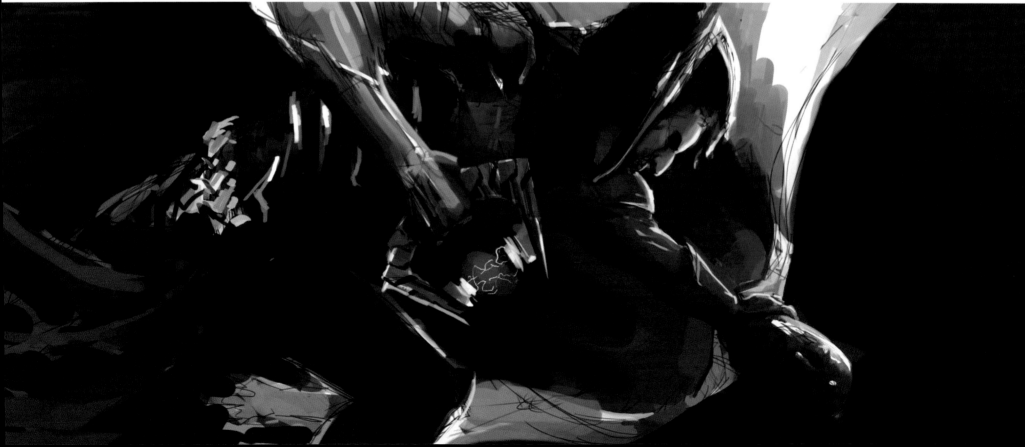

티찰라의 여동생이자 와칸다 과학 부서의 수장, 슈리는 비전의 이마에서 마인드 스톤을 분리해서 그의 목숨을 살릴 계획을 세운다. "(제작 디자이너) 찰리 우드는 슈리의 수술대가 실용적이면서도 엄청나게 아름다운 모습을 띠길 바랐어요." 콘셉트 아티스트 피트 톰프슨이 말했다. "비전이 여러 층의 유리 표면으로 구성된 일종의 구조물 안에 들어가 있는 가운데, 하단에 배치된 전자 장치와 각종 조명들에서 흘러나오는 신비로운 푸른빛이 그를 감싸죠. 수술대 위에는 마치 강입자 가속기처럼 생긴 머리 받침대, 그러니까 비전의 머리를 분석할 정교한 진단 장치가 있어요. 일단 러프한 3D 디자인을 승인받은 후에는, 이 디자인을 좀 더 유려하고 세련되게 다듬으라는 지시를 받았어요. 슈리의 연구실 풍경은 아프리카풍의 미학이 적용된 현대적인 모습이었기 때문에, 수술대 역시 그 자체로 예술 작품 같은 느낌을 주어야 했죠. 최종 디자인은 아르데코풍의 매끄러운 곡선과 크롬 재질의 표면, 그리고 복잡한 기술적 묘사를 통해 마치 대도시적인 느낌을 연상시키도록 만들어졌습니다."

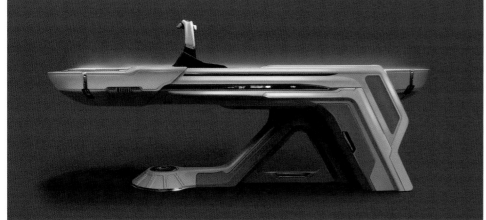

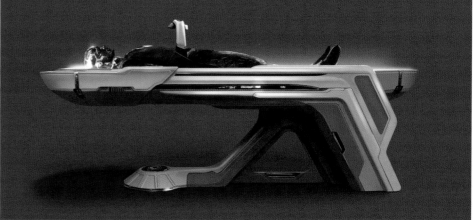

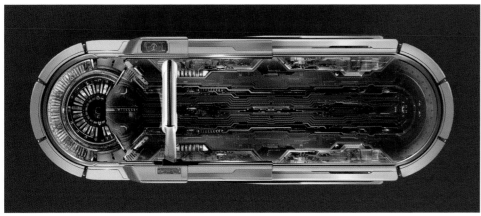

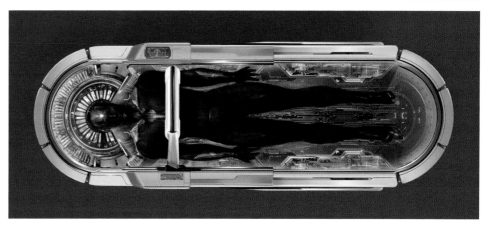

◀ 위 톰프슨 / 아래 프랜시스코 ■ 톰프슨

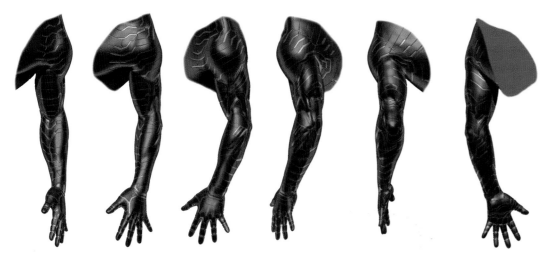

WINTER SOLDIER

윈터 솔져

버키 반즈는 히드라의 세뇌된 인간 병기로 이용당하다가, 와칸다의 최첨단 기술이라면 자신의 머릿속에 새겨진 세뇌도 풀 수 있을 거라 생각하여 와칸다로 도피했다. 그는 슈리의 도움을 받아서 최후의 전투가 벌어지기 직전까지 완벽한 몸 상태를 회복한다. "저는 윈터 솔져가 처음 등장했을 때부터 디자인 작업들을 했기 때문에 지금껏 어떤 여정을 밟아왔는지 잘 알고 있었습니다." 선임 시각 개발 아티스트, 로드니 푸엔테벨라는 말했다. "저는 버키의 과거 모습과 와칸다에서 찾은 새 안식처에서 변화한 모습까지 두 가지를 모두 디자인에 반영하고 싶었습니다. 원작 만화에서의 모습은 얼마나 보여주어야 할지, 또 와칸다에서 영향을 받은 모습은 얼마나 보여주어야 할지 정말 많은 가능성들을 탐구해보고 싶었죠. 또한 새로운 금속 의수 역시 더 이상 히드라의 기술이 아니라 와칸다의 기술이기에 다른 느낌이 들도록 만들고 싶었습니다. 그래서 아프리카풍의 분위기로부터 영향을 받은 외형을 다수 그렸으며, 이 모습들이 좀 더 와칸다운 느낌이 들도록 금빛 배색 요소도 추가했습니다."

◀ 니치　▲ 레거시 이펙트

▲ 푸엔테벨라

▲ 푸엔테벨라

"저는 버키의 과거 모습과
와칸다에서 찾은 새 안식처에서
변화한 모습까지 두 가지를
모두 디자인에 반영하고
싶었습니다."

버키 반즈는 〈캡틴 아메리카: 시빌 워〉 당시 아이언맨의 아크 리액터 빔에 원래 사용하던 금속 팔을 잃었고, 〈어벤져스: 인피니티 워〉에서는 이를 대신할 새로운 금속 의수를 받는다. "버키의 새 팔은 와칸다산 비브라늄으로 제작한 것입니다." 콘셉트 아티스트 조시 니치가 말했다. "그래서 배색과 형태면에서 슈리의 디자인 콘셉트를 어느 정도 가져왔습니다."

WAR MACHINE

워머신

제임스 "로디" 로즈는 〈캡틴 아메리카: 시빌 워〉에서 입은 부상으로 인해 다리를 사용할 수 없게 되었지만, 스타크 인더스트리의 기술과 신형 워머신 슈트를 활용해 타노스를 저지하기 위한 싸움에서 제 역할을 톡톡히 해낸다. "원래 로디는 이번 영화에서 두 가지 슈트를 갖게 될 예정이었습니다." 콘셉트 일러스트레이터 필 손더스가 말했다. "하지만 결국 하나의 슈트로 결정되었기 때문에, 두 슈트가 가진 최고의 장점만을 따와서 하나로 합치기로 했어요. 아이언맨 슈트가 마크 47에서 마크 50으로 넘어오면서 엄청난 발전을 이룬 만큼, 이를 따라잡기 위해서라도 로디에게 전작들보다 월등하게 발전한 형태의 슈트를 주고 싶었습니다. 그래서 더욱 정교한 스텔스형 구조와 형태 언어 분석을 적용했습니다. 또한 무기도 전작들에 비해 훨씬 방대한 양을 제공했죠."

HULKBUSTER

"배너는 헐크가 아니기 때문에 악당들과 싸우려면 어느 정도 호신 수단이 필요합니다." 총괄 제작자 트린 트란이 말했다. "그래서 배너를 더 멋지고 새로운 헐크버스터 슈트에 태워 악당들과 싸우게 만든다면 정말 재미있을 거라고 생각했어요. 배너도 나름대로 재치를 발휘해서 '헐크가 나와서 도와주지 않는다면 내가 직접 싸울 수밖에 없지.'라고 생각하는 겁니다. 그리고 영화 속에서 실제로 실천하고요."

"헐크버스터 슈트를 디자인하는 과정에서 재미있던 점은 이 슈트가 헐크를 상대로 싸운다는 아주 구체적인 목적으로 만들어졌다는 점과 토니와 배너가 협동해서 어떤 설계를 만들어 냈을지 상상해보는 점이었습니다." 조시 니치가 말했다. "아이언맨의 슈트에도 세련된 나노기술이 적용된 만큼, 새로운 헐크버스터 역시 〈어벤져스: 에이지 오브 울트론〉 당시 등장한 것보다 더욱 세련된 모습을 보여줍니다. 그래도 슈트 곳곳이 개방되면서 온갖 헐크 대처 수단들을 쏟아낼 것처럼 생긴 장갑판이나 세부 묘사는 여전히 많이 있습니다. 이 슈트 디자인에서 극복해야 했던 난관 중 하나는 최첨단 기술이 적용된 듯한 느낌과 상당한 공격을 버텨낼 수 있도록 묵직하고 비대한 느낌 사이에서 균형을 맞추는 것이었습니다."

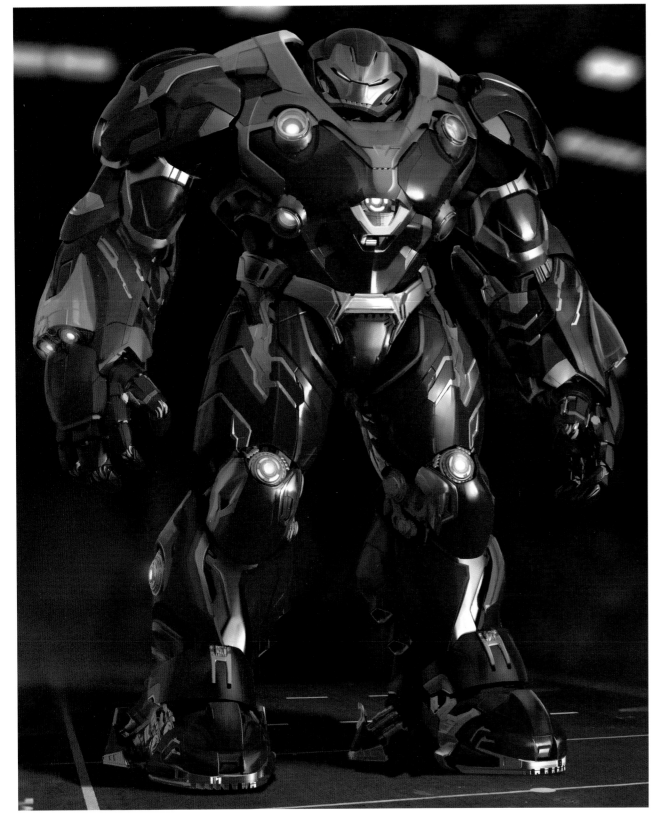

"건설 장비에서
아이디어를 얻었죠."

"〈어벤져스: 에이지 오브 울트론〉에서 등
장했던 조시 니치의 헐크버스터는 아주 성
공적인 신체 비율을 보여주었습니다. 그래
서 저도 이처럼 매우 인간적이면서도 꼭 근
육질 덩치처럼 보이는 비율을 기본으로 삼
아 디자인을 하려고 했어요." 필 손더스는
말했다. "건설 장비에서 아이디어를 얻었
죠. 뭔가 엄청나게 강력한 모습을 가졌으면
서도, 이전의 헐크버스터보다 더 유기적이
고 근육질로 느껴지는 형태 언어를 사용한
슈트를 만들고 싶었습니다. 동시에 토니 스
타크의 슈트 설계가 발전된 방향도 따라가
면서요."

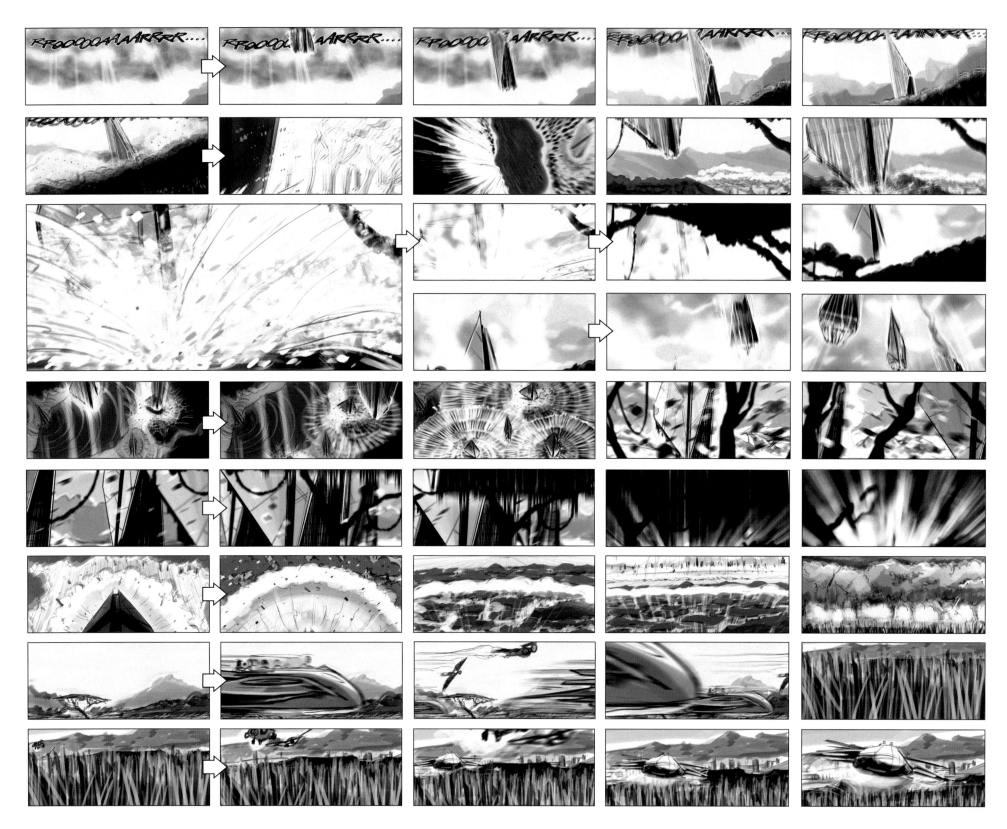

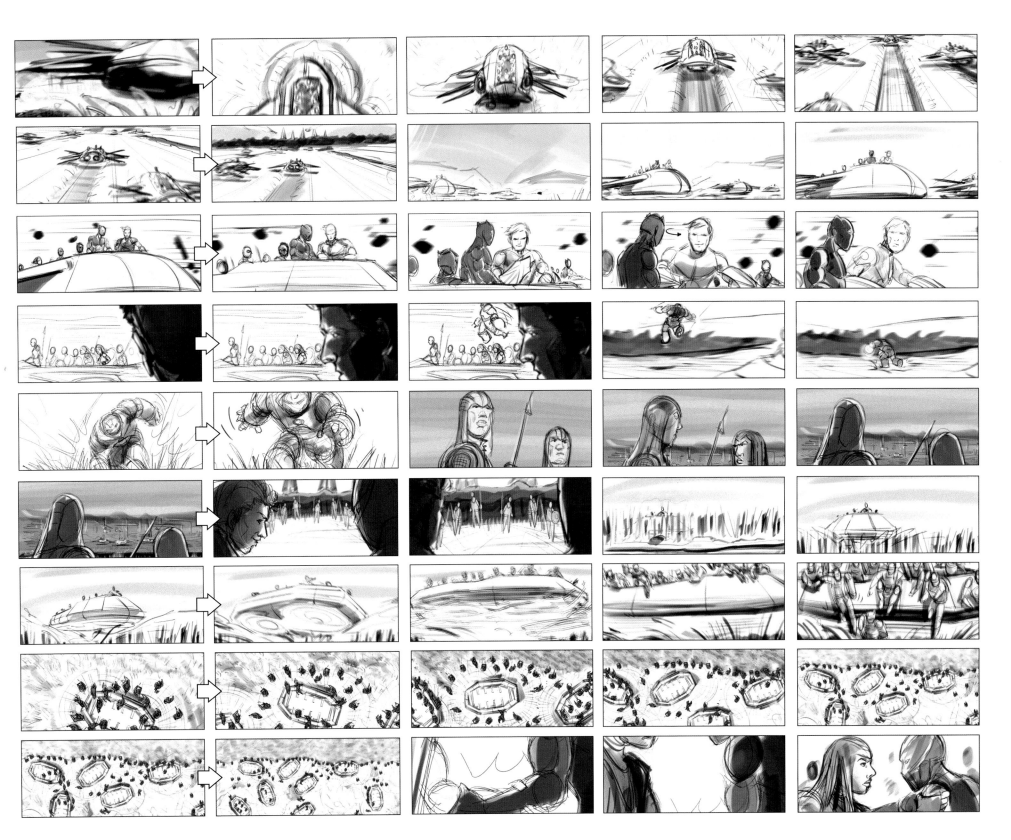

총괄 부사장 빅토리아 알론소는 타노스의 병력에 맞서는 영웅들의 싸움을, 마치 HBO의 드라마 〈왕좌의 게임〉에서 나왔던 전설적인 전투에 비유한다. "와칸다 전투의 준비 과정은 마블판 '서자들의 전투'라고 할 수 있습니다. 그 규모는 27배 정도 더 크지만요. 지금껏 우리가 창조해낸 강력한 인물들 한 명 한 명을 전장 한가운데서 조명하지만, 관객들은 이들이 결국 승리하지 못할 거라고 느낍니다. 이들만으로는 도저히 승리할 수 없어요. 하지만 사람들의 사랑을 받는 슈퍼 히어로로서의 자긍심을 가졌다면 어떻게 해야 할까요? 그거면 충분합니다. 그들은 나갑니다. 그들은 맞서 싸우기 위해 나갑니다. 그들은 불 속으로 뛰어듭니다."

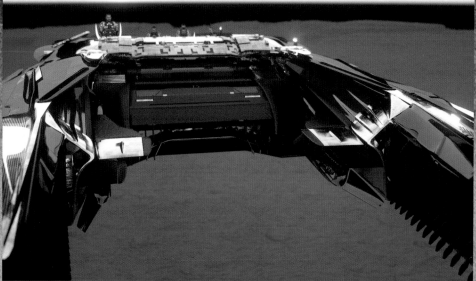

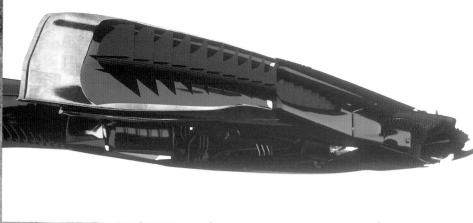

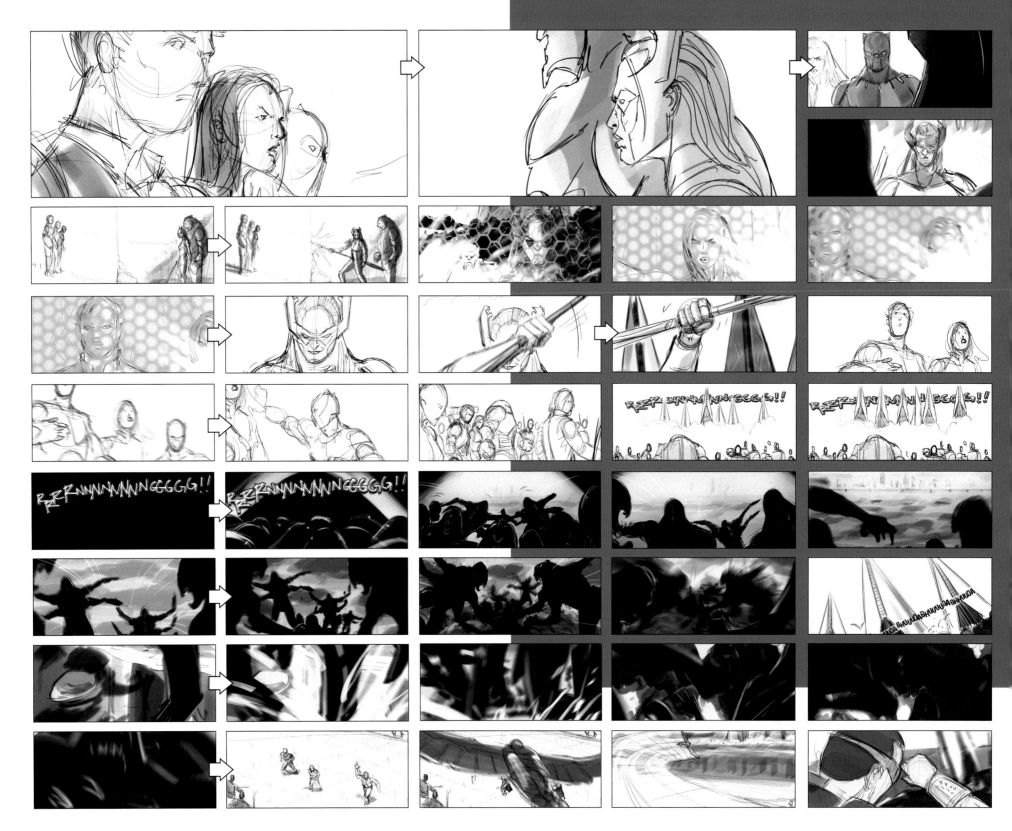

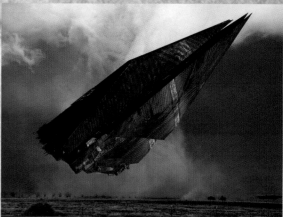

타노스의 아이들은 아웃라이더 부대를 실은 거대 수송선들과 함께 와칸다에 전쟁을 끌고 온다. "이 수송선은 Q 함선의 함대처럼 보조 수송 수단이라는 데 중점을 두고 디자인되었습니다." 콘셉트 아티스트 폴 챈들러가 말했다. "우리는 이걸 아웃라이더 공수 함선이라고 불렀죠. 디자인 과정에서는 타노스의 거대한 모선으로부터 떨어져 나와 행성의 대기권으로 낙하하면서, 마치 운석처럼 거대한 충돌이나 마찰열 등을 보여주는 함선을 만들어야 했습니다."

"찰리 우드와 감독들은 제가 만든 초기 콘셉트 중 일부를 갖고, 마치 조각 같으면서도 엄청난 시각적 충격을 줄 만큼 야만적인 디자인을 만들어냈습니다. 그래서 저는 이 디자인으로 수송선들이 어떤 성능을 보여줄 수 있는지, 그리고 필요한 경우에는 전장으로 어떻게 공수될지 보여주는 기본적인 애니메이션과 삽화를 모델링 하였습니다. 이 수송선들은 와칸다 전투 장면에서 처음으로 등장하는 물체인 만큼, 뭔가 괴상하고 무시무시하게 생긴 형체가 주위의 풍경을 완전히 압도한다는 중압감을 줄 수 있어야 한다는 전제를 두고 제작했습니다."

OUTRIDERS

아웃라이더

"프록시마 미드나이트와 컬 옵시디언은 에든버러에서의 패배 후 와칸다에서 처음으로 다시 모습을 드러냅니다." 트린 트란이 말했다. "그러고는 수송선에서 미쳐 날뛰는 아웃라이더들을 쏟아내어 영웅들과 싸우도록 만들죠. 실제로 영웅들은 거의 패배하기 직전까지 몰립니다. 그러다 정말 마지막 순간, 토르가 로켓과 그루트, 그리고 타노스를 죽일 무기인 스톰브레이커와 함께 나타나 초원을 가득 메운 아웃라이더들을 정리해버립니다."

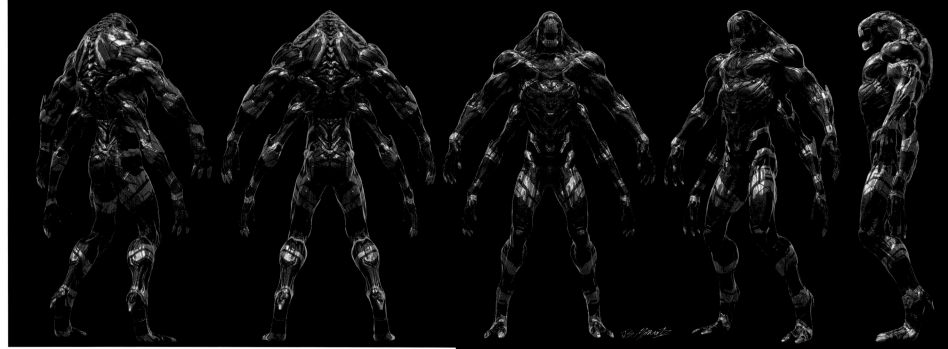

"저는 아웃라이더을 디자인하는 작업이 정말 좋았습니다." 콘셉트 아티스트 저래드 메란츠가 말했다. "정말 상당한 도전이었습니다. 우선 디자인에 사용할 원본 자료를 본 다음 생체공학적 퀄리티를 좀 더 끌어올리고 싶었습니다. 아웃라이더가 스파이더맨의 '베놈'과 지나치게 닮았다는 우려가 있었기 때문에, 이들에게 고유한 생김새를 부여하는 것도 과제로 주어졌습니다. 이 과제를 성취하기 위해 저는 아웃라이더에게 생체공학적인 느낌을 부여하면서, 타노스와 프록시마 미드나이트, 그리고 콜버스 글레이브의 갑옷에서 사용했던 형태를 조합하기로 했습니다."

"아웃라이더의 신체 디자인은 꽤 빠르게 승인을 받았기 때문에 두상 연구에 상당한 공을 들였습니다." 메란츠가 말했다. "다양한 유형의 치아들을 시험해보던 중에 라이언 메이너딩이 치열을 평평하게 만들어보라는 제안을 했습니다. 정말 괜찮은 생각이었죠."

"아웃라이더의 디자인 작업에서 가장 멋졌던 점은 바로 등장 그 자체였습니다. 마블 세계관에서 처음으로 외계 생물들로 구성된 군대가 등장하는 것이거든요. 외계인 군대는 있었을지 몰라도, 짐승 같은 괴물들로 구성된 군대는 없었습니다. 그래서 뭔가 독특한 것을 시험해보기에 딱 맞는 굉장한 기회였죠."

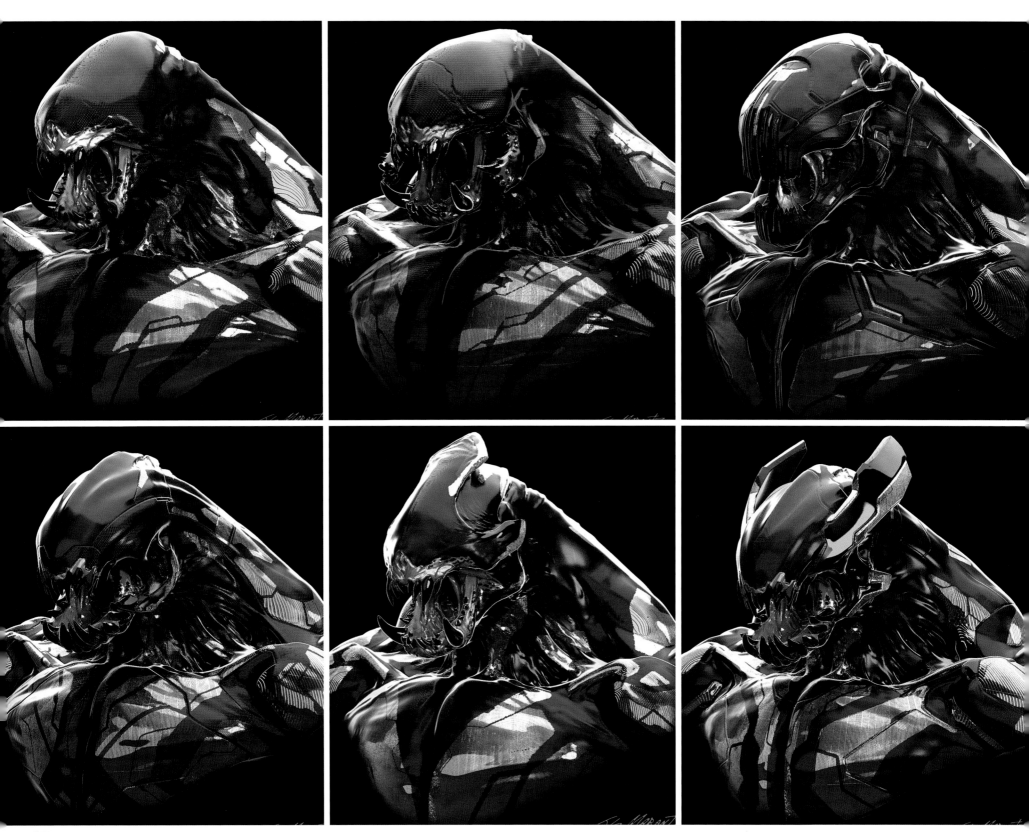

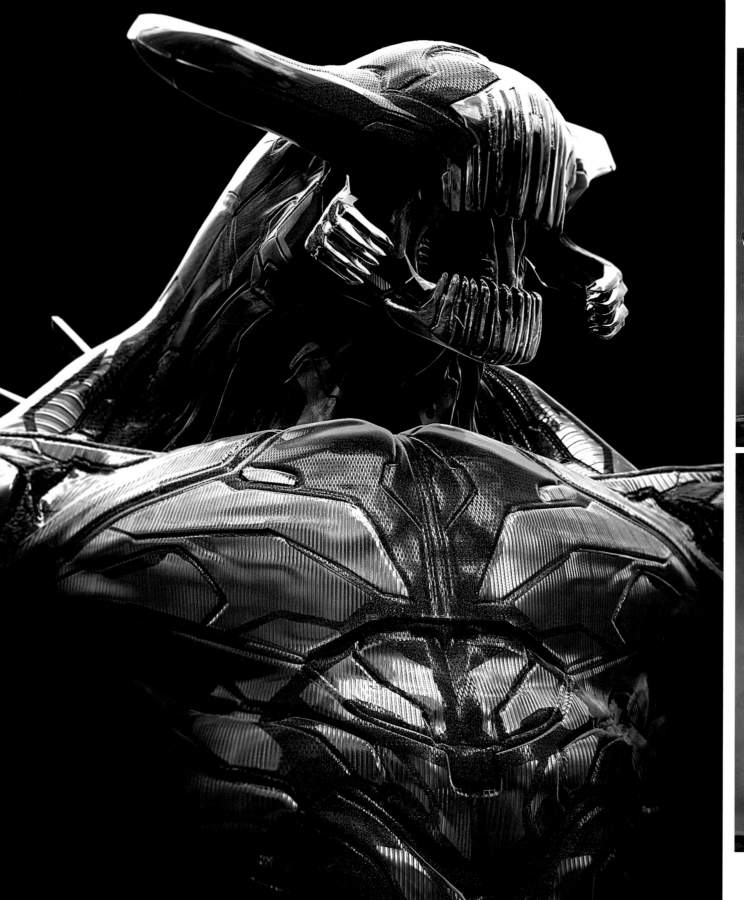

메란츠 ■

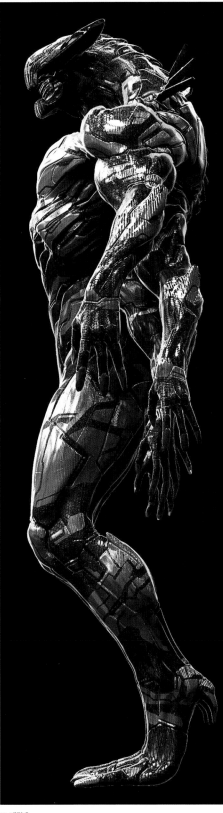
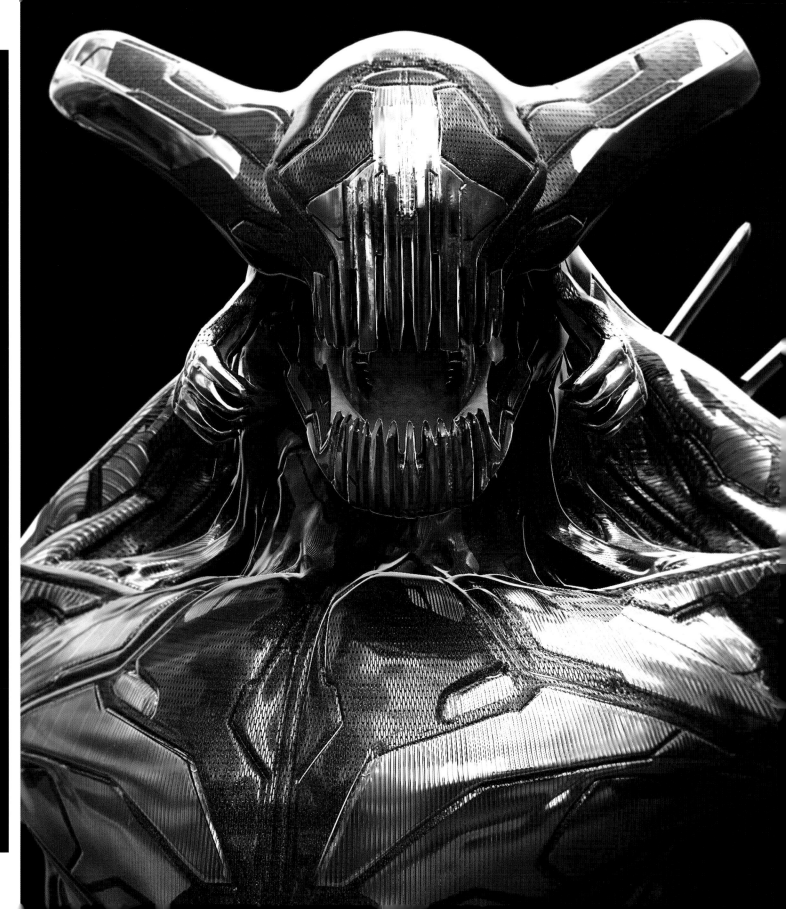

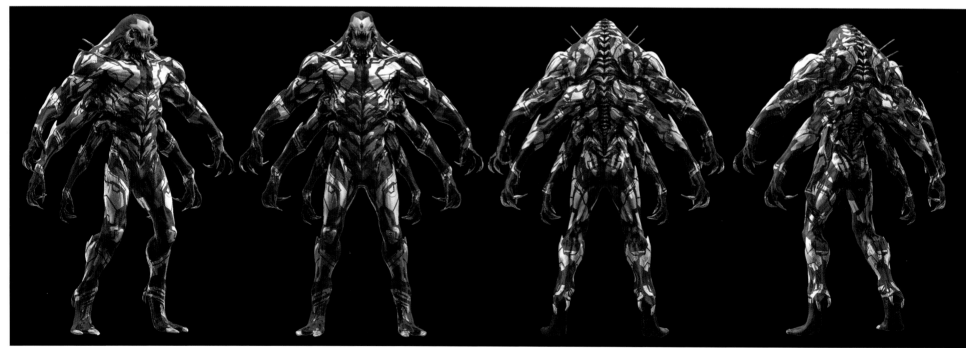

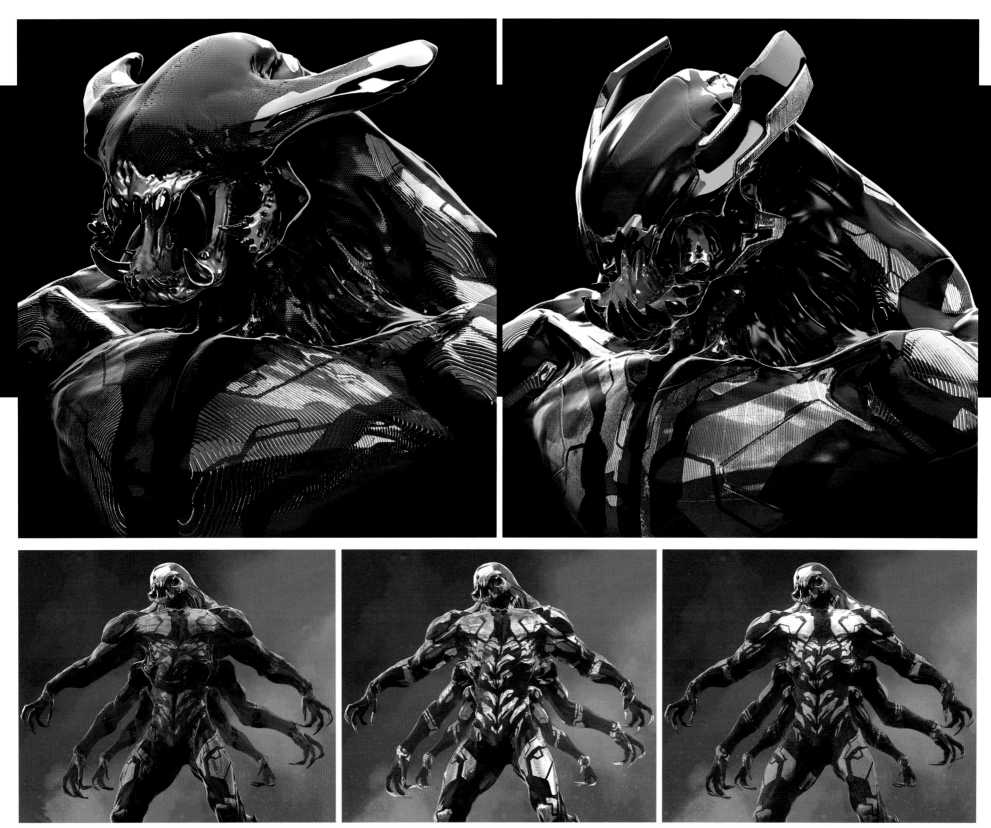

■ 메란츠

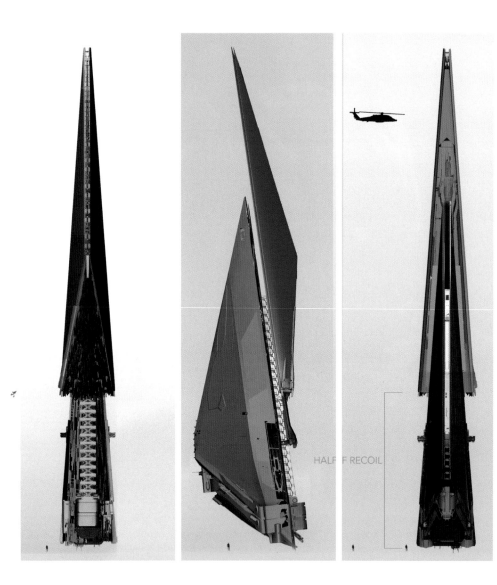

HALF OF RECOIL

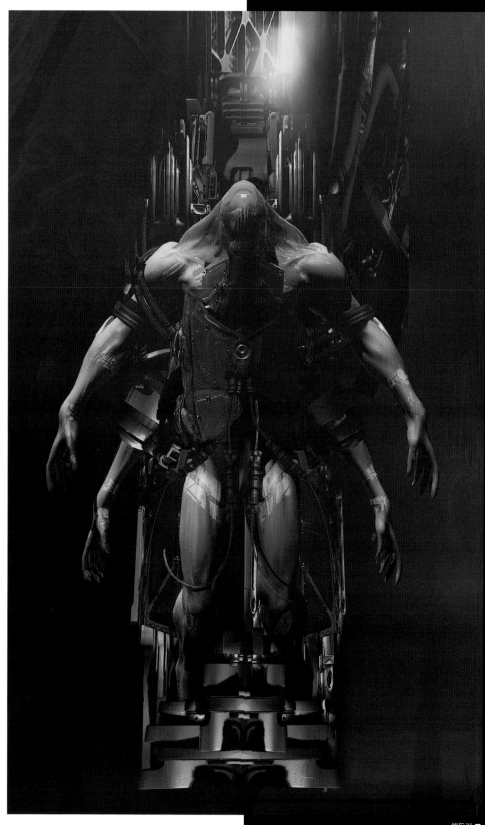

수송선은 수천 마리의 아웃라이더를 실어 나를 수 있도록 디자인되었다. "수송선의 내부 구조까지 등장한다면 탑승한 아웃라이더들을 각각 격리시켜 주고, 또한 수송선 이 착지할 때를 비롯해 온갖 위험한 상황에서 선체가 받게 될 충격까지도 흡수해주는 내부 골조를 구현했어야 할 것입니다." 챈들러가 말했다. "찰리 우드는 전투 준비를 끝 마친 아웃라이더 수천 마리가 마치 벌집처럼 육각형 방들로 구성된 내벽의 구조물에 탑승해 있는 아이디어를 고수했습니다. 중요한 점은 아웃라이더들이 마구잡이로 떼 지어서 전장으로 뛰쳐나갈 수 있게 만드는 것이었습니다. 그래서 이 거대한 구조물 의 내부 구조를 3D로 디자인하는 작업도 중요하게 다뤄졌습니다. 일단 수송선 정면 의 문이 열리면 엄청나게 분노한 채 싸움에 미쳐 날뛰는 아웃라이더의 떼거리가 모습 을 드러내는 거죠!"

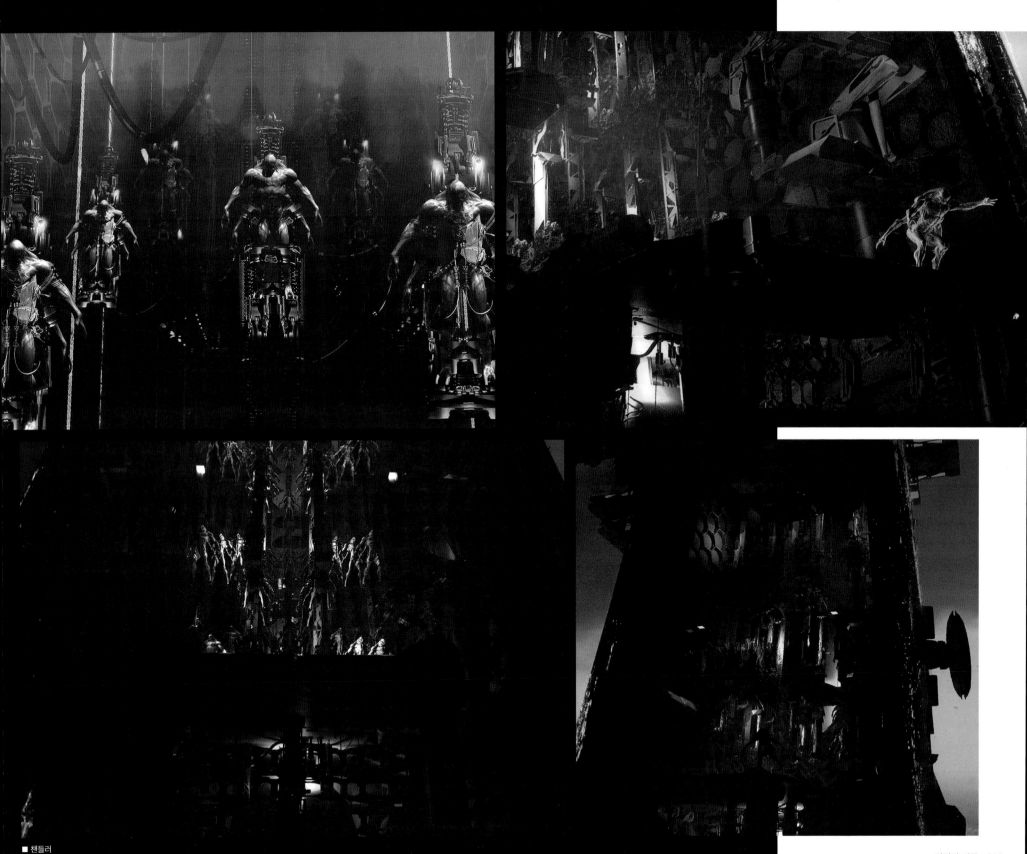

■ 챈들러

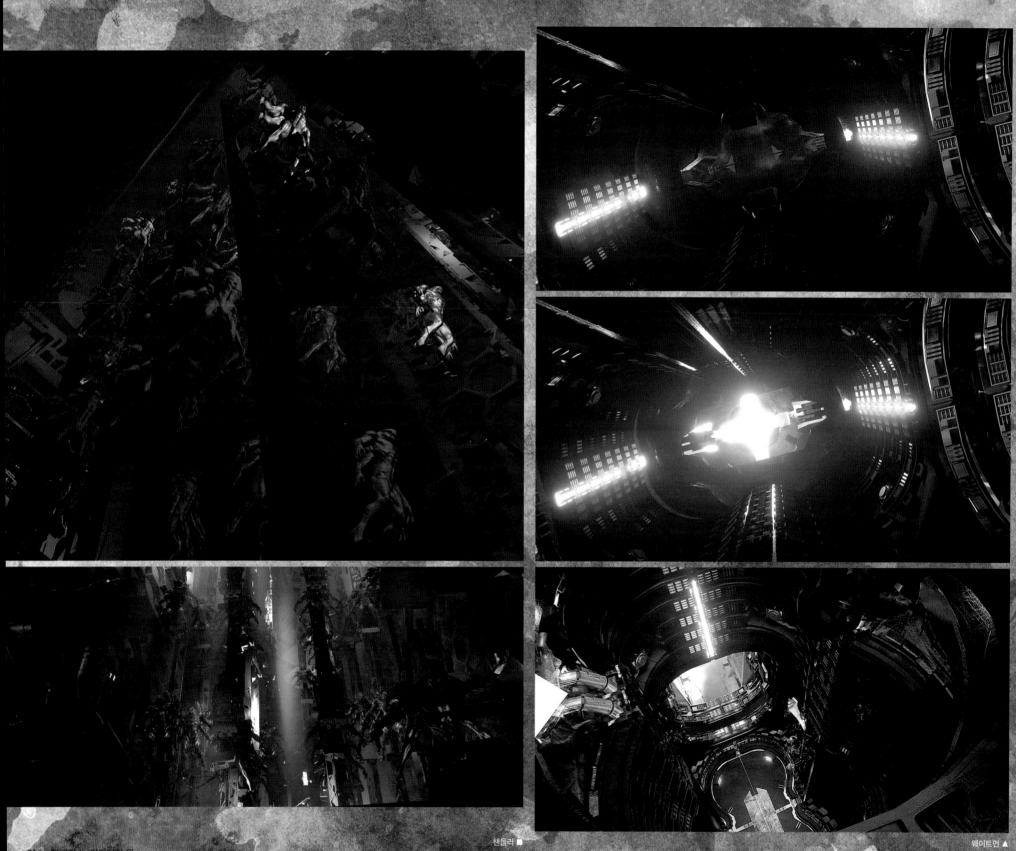

챈들러 ■

웨이트먼 ▲

쓰레셔는 아웃라이더가 사용하는 또 다른 장비다. "저는 좀 더 평화로웠던 시절에 이 장비가 대량 살상 병기로 개조되기 전에는 '타노스가 이걸 밭 가는데 사용하지 않았을까?' 하고 상상해보곤 합니다." 콘셉트 아티스트 아이반 웨이트먼이 말했다. "찰리 우드와 그 팀원들은 이 장비를 한번 작동시키면 아주 끔찍한 최악의 참상을 빚어내는 병기로 만들어야 한다

는 점을 명확하게 알고 있었습니다. 지나간 곳에 있던 모든 것을 갈아버리는 거대 회전 톱날도 장착되어 있죠. 이게 땅속에 파고 들어가 지면을 갈아엎으면서 서로 다른 방향으로 장착된 톱날로 균형을 유지한다니, 그 작동 방식이 실제로 어떨지 생각해보는 건 정말 재미있었어요."

와칸다 전투

▲ 위 하그리브스 / 아래 카스트로

하그리브스 ▲

톰프슨 ▲

스타웁 ▲

"타노스가 지구에 도착하는 순간은 지금껏 보지 못한 가장 강렬한 장면으로 표현하고 싶었습니다." 트린 트란이 말했다. "그는 이제 스톤 5개를 손에 넣었죠. 타이탄에서 우리의 영웅들을 물리친 후에 타임 스톤까지 가졌고요. 이제 남은 것은 비전의 이마에 박힌 마인드 스톤뿐입니다. 우리의 영웅들은 타노스가 도착하기 직전까지만 해도 자신들이 승리했다고 생각하고 있었습니다. 영웅들이 비전과 스칼렛 위치를 뒤로 한 채 한 명씩 타노스를 저지하려 달려드는 가운데, 비전은 타노스가 마인드 스톤을 손에 넣지 못하도록 스칼렛 위치의 능력으로 스톤을 파괴해 달라고 부탁합니다."

"그 순간 관객들은 스칼렛 위치가 마인드 스톤을 파괴할 수 있을 것이라고 생각하고, 실제로 그녀는 스톤을 파괴합니다. 스칼렛 위치가 마인드 스톤을 완전히 날려버리면 우리는 '좋아, 타노스가 마인드 스톤을 손에 넣지는 못하겠지만 결국 비전은 죽고 말았군.'이라고 생각하죠. 하지만 타노스에게는 타임 스톤이 있습니다. 놀랍게도 그는 비전이 죽기 전으로 시간을 돌려버린 다음, 비전의 이마에서 마인드 스톤을 뽑아냅니다. 비전은 두 번 죽고, 타노스는 이제 6개의 스톤을 모두 손에 넣었습니다."

■ 메이너딩

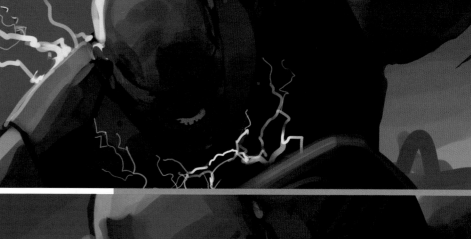

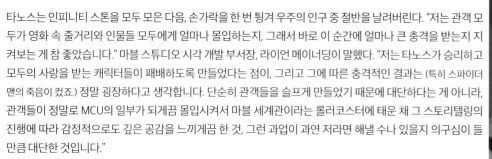

타노스는 인피니티 스톤을 모두 모은 다음, 손가락을 한 번 튕겨 우주의 인구 중 절반을 날려버린다. "저는 관객 모두가 영화 속 줄거리와 인물들 모두에게 얼마나 몰입하는지, 그래서 바로 이 순간에 얼마나 큰 충격을 받는지 지켜보는 게 참 좋았습니다." 마블 스튜디오 시각 개발 부서장, 라이언 메이너딩이 말했다. "저는 타노스가 승리하고 모두의 사랑을 받는 캐릭터들이 패배하도록 만들었다는 점이, 그리고 그에 따른 충격적인 결과는 (특히 스파이더 맨의 죽음이 컸죠.) 정말 굉장하다고 생각합니다. 단순히 관객들을 슬프게 만들었기 때문에 대단하다는 게 아니라, 관객들이 정말로 MCU의 일부가 되게끔 몰입시켜서 마블 세계관이라는 롤러코스터에 태운 채 그 스토리텔링의 진행에 따라 감정적으로도 깊은 공감을 느끼게끔 한 것, 그런 과업이 과연 저라면 해낼 수나 있을지 의구심이 들 만큼 대단한 것입니다."

어린 가모라: 해냈어요?

타노스: 그래.

어린 가모라: 그 대가는요?

타노스: …모든 걸 치렀지.

감독 앤서니와 조 루소는 블록버스터 영화 〈캡틴 아메리카: 윈터 솔저〉를 통해 마블 시네마틱 유니버스의 감독으로 데 뷔했다. 이 영화는 개봉 첫 주에 9,500만 달러를 벌어들이며 역대 4월 개봉 흥행 기록을 갱신했으며 전 세계에서 7억 1,300만 달러 이상의 흥행을 기록했다. 그 후속작 〈캡틴 아메리카: 시빌 워〉는 개봉 주간에 1억 7,900만 달러를 기록하고 전 세계적으로 11억 5천만 달러를 벌어들였다. 두 형제 감독들은 현재 2019년 5월 6일 개봉을 목표로 둔 어벤져스 시리즈의 4번째 작품의 편집을 바쁘게 감독하고 있다. 루소 형제는 오하이오주 클리블랜드에서 연년생으로 태어나 미 동부 지방에서 성장했으며, 베네딕틴 고등학교를 졸업한 후(앤서니 루소는 1988년, 조 루소는 1989년 졸업) 영화 산업에서의 경력을 시작한다. 두 사람은 1994년에 신용 카드 대출과 학자금 대출을 통해 자금을 융통하여, 범죄에 휘말린 삼형제에 대한 이야기를 다루는 실험적인 코미디 영화 〈Pieces〉를 제작한다. 이 영화의 촬영은 수많은 친구와 가족의 도움을 받아가며 클리블랜드 안팎에서 촬영되었다. 결국 〈Pieces〉는 1997년 슬램댄스 영화제와 아메리칸 필름 인스티튜트에서 주최한 영화제에서 상영되고, 특히 후자의 영화제에서는 조 루소가 남우주연상을 받으면서 두 사람의 도박은 성공을 거둔다. 또한 드라마 〈못말리는 패밀리〉의 촬영 과정에서 첨단 HD 카메라를 활용하고 복잡한 조명 및 제작진에 대한 필요를 최소화하면서, 두 형제는 새로운 창의적 가능성에 대한 신세계를 열어젖혔을 뿐만 아니라 각본가 미치 허위츠에게는 특유의 강한 자의식과 속사포처럼 빠른 전개를 보여주는 각본 스타일도 제공했다. 제작진 모두에게 굉장한 도박이나 다름없던 이 프로그램은 그 해 에미상® 시상식에서 허위츠가 최고의 각본상, 루소 형제가 최고의 감독상, 그리고 〈못말리는 패밀리〉가 최고의 코미디 시리즈 상을 받으면서 크나큰 성공을 가져다준다. 이 후로도 루소 형제는 〈LAX〉, 〈왓 어바웃 브라이언〉, 〈카풀러스〉, 그리고 〈러닝 와일드〉 등 다양한 방송사에서 파일럿 드라마 제작을 감독했다. 가장 최근에는 NBC의 〈커뮤니티〉와 ABC의 〈해피 엔딩〉 등에서 총괄 제작자 역할을 맡았다.

제작자 겸 마블 스튜디오의 사장인 케빈 파이기는 10년이 넘는 지난 세월 동안 마블 코믹스의 만화들을 기반으로 한 블록버스터 영화 시리즈 제작에서 중요한 역할을 맡았다. 현재 파이기는 마블의 영화 및 홈 엔터테인먼트 활동 분야

에서 모든 제작을 감독하고 있다. 지금은 2019년 개봉 예정인 〈캡틴 마블〉과 어벤져스의 네 번째 작품을 제작 중이다. 2018년에는 〈블랙 팬서〉, 〈어벤져스: 인피니티 워〉, 그리고 〈앤트맨과 와스프〉 등의 제작을 맡았다. 2017년에는 〈토르: 라그나로크〉의 제작을 맡았으며, 이 영화는 개봉 첫 주말에 미국에서 1억 2,100만 달러를 벌어들였으며 세계적으로 3억 6백만 달러의 흥행에 성공했다. 〈가디언즈 오브 갤럭시 VOL. 2〉는 미국에서 오프닝 성적 1억 4,500만 달러를 기록하고 세계적으로는 8억 6,350만 달러를 벌어들였다. 그리고 〈스파이더맨: 홈커밍〉은 지금까지 8억 7,900만 달러 이상의 흥행을 올렸다. 2016년 당시 파이기가 제작에 참여한 〈캡틴 아메리카: 시빌 워〉는 전 세계에서 10억 달러의 흥행을 기록하면서 그해 최고 흥행 영화가 되었고, 〈닥터 스트레인지〉는 세계적으로 6억 달러 이상을 벌어들였다. 그 이전에 파이기가 제작에 참여했던 마블 영화로는 〈아이언맨 3〉, 〈어벤져스〉, 〈앤트맨〉, 〈어벤져스: 에이지 오브 울트론〉, 〈가디언즈 오브 갤럭시〉, 〈캡틴 아메리카: 윈터 솔저〉, 〈토르: 다크 월드〉, 〈퍼스트 어벤져〉, 〈아이언맨 2〉, 그리고 〈아이언맨〉 등이 있다.

총괄 제작자 겸 마블 스튜디오의 부사장 루이스 데스포지토는 블록버스터급 흥행을 기록한 〈아이언맨〉, 〈아이언맨 2〉, 〈토르: 천둥의 신〉, 〈퍼스트 어벤져〉, 〈어벤져스〉, 〈아이언맨 3〉, 〈토르: 다크 월드〉, 〈캡틴 아메리카: 윈터 솔저〉, 〈가디언즈 오브 갤럭시〉, 〈캡틴 아메리카: 시빌 워〉, 〈어벤져스: 에이지 오브 울트론〉, 〈앤트맨〉, 〈닥터 스트레인지〉, 최근에는 〈가디언즈 오브 갤럭시 VOL. 2〉, 〈스파이더맨: 홈커밍〉, 〈토르: 라그나로크〉, 〈블랙 팬서〉, 〈어벤져스: 인피니티 워〉, 그리고 〈앤트맨과 와스프〉 등의 제작에 참여했다. 현재는 높은 기대를 모으고 있는 작품 〈캡틴 마블〉의 제작에 참여하고 있으며, 마블 스튜디오 사장 케빈 파이기와 협력하여 마블의 미래 계획을 세워나가고 있기도 하다. 데스포지토는 스튜디오의 부사장이자 모든 마블 영화의 총괄 제작자로서 마블 스튜디오의 운영과 각 영화들의 개발 단계부터 개봉까지 이르는 과정의 지휘를 모두 적절한 비중으로 수행하고 있다. 또한 데스포지토는 마블 스튜디오 영화들의 총괄 제작뿐만 아니라 〈Marvel One-Shot Item 47〉의 감독도 맡았다. 이 단편 영화는 2012년 샌디에고 코믹콘 인터내셔널 행사에서 첫 공개되었으며, 2012년 9월에 LA 쇼

츠 페스트에서 다시 한번 상영되었다. 이 작품은 나중에 〈어벤져스〉 블루레이 디스크에 특전 영상으로 수록된다. 또한 데스포지토는 헤일리 앳웰을 주연으로 한 두 번째 마블 원샷 〈마블원샷: 에이전트 카터〉의 감독도 맡았으며, 이 작품은 2013년 샌디에고 코믹콘에 공개되어 평단과 팬들로부터 높은 평가를 받고 〈아이언맨 3〉의 특전 영상으로 수록되었다. 또한 이번 작품은 높은 인기를 얻은 덕분에 〈에이전트 카터〉라는 별개의 TV 시리즈로 제작되기까지 한다. 데스포지토는 2006년부터 마블 스튜디오에서 재직하기 시작했다. 마블에 합류하기 전에는 2006년 〈자투라: 스페이스 어드벤처〉와 윌 스미스 주연의 흥행작 〈행복을 찾아서〉의 총괄 제작을 맡았고, 2003년에는 사무엘 L. 잭슨과 콜린 패럴 주연의 〈S.W.A.T. 특수기동대〉에서도 총괄 제작을 맡았다.

마블 스튜디오의 **실질 제작 부사장 빅토리아 알론소**는 최근 존 왓츠 감독의 〈스파이더맨: 홈커밍〉과 타이카 와이티티 감독의 〈토르: 라그나로크〉에서 총괄 제작자 역할을 맡았다. 그녀는 이 역할을 통해 스튜디오에서 진행되는 제작 후처리 및 시각 효과 작업을 지휘했다. 또한 제임스 건 감독의 〈가디언즈 오브 갤럭시 VOL. 2〉, 스콧 데릭슨 감독의 〈닥터 스트레인지〉, 조 루소와 앤서니 루소 감독의 〈캡틴 아메리카: 시빌 워〉, 페이튼 리드 감독의 〈앤트맨〉, 조스 웨던 감독의 〈어벤져스: 에이지 오브 울트론〉, 제임스 건 감독의 〈가디언즈 오브 갤럭시〉, 조 루소와 앤서니 루소 감독의 〈캡틴 아메리카: 윈터 솔저〉, 앨런 테일러 감독의 〈토르: 다크 월드〉, 셰인 블랙 감독의 〈아이언맨 3〉, 그리고 조스 웨던 감독의 〈어벤져스〉 등의 작품에서 총괄 제작을 맡았다. 또한 존 패브로 감독의 〈아이언맨〉과 〈아이언맨 2〉, 케네스 브래너 감독의 〈토르: 천둥의 신〉, 그리고 조 존스턴 감독의 〈퍼스드 어벤져〉에서는 공동 제작을 담당했다. 알론소는 광고 시각 효과 제작자로서 시각 효과 산업 경력을 시작했다. 이후 그녀는 수많은 영화들의 시각 효과를 담당했으며, 〈킹덤 오브 헤븐〉의 감독 리들리 스콧, 〈빅 피쉬〉의 감독 팀 버튼, 〈슈렉〉의 감독 앤드루 애덤슨 등을 비롯한 감독들과 협력하기도 했다. 지난 몇 년간 그녀가 자신의 업계에 보여주었던 헌신과 성과는 사람들의 존경과 주목을 받기에 충분했다. 2015년 알론소는 뉴욕 위민 인 필름 앤 텔레비전에서 주최하는 뮤즈 어워드에서 '놀라운 비전 및 성과' 부문의 수상자로 선정된다. 또한 2017년 1월에는 어드밴스드 이미

징 소사이어티의 해럴드 로이드 상을 수상했다.

총괄 제작자 마이클 그릴로는 제작자, 스튜디오 제작 총괄, 그리고 선임 조감독으로서 영화 제작 산업에서의 성공적인 경력을 이어나가고 있다. 마블 스튜디오 이전에는 〈앤트맨〉, 〈캡틴 아메리카: 윈터 솔저〉 등의 작품에서 총괄 제작을 맡았다. 그릴로는 아카데미 상® 수상 후보에 올랐던 영화 〈우연한 방문객〉의 제작자로 임명되었으며, 〈트리거 이펙트〉, 〈그랜드 캐년〉, 그리고 〈영혼의 사랑〉 등에서도 제작을 맡았다. 또한 〈어메이징 스파이더맨〉, 〈그린 호넷〉, 〈안나 앨릭스: 두 자매 이야기〉, 〈피스메이커〉, 〈와이어트 어프〉, 〈바람둥이 길들이기〉, 그리고 〈실버라도〉에서도 총괄 제작자로 임명되었다. 그리고 드림웍스의 영화 제작 부서장으로 재직하면서 〈터미널〉, 〈유로트립〉, 〈헤드 오브 스테이트〉, 〈캐치 미 이프 유 캔〉, 〈링〉, 그리고 〈로드 투 퍼디션〉 등의 영화 제작을 지휘한다. 그릴로는 조감독으로서 경력을 시작했으며, 〈디어 헌터〉, 〈우리 딸은 못 말려〉, 〈천국의 문〉, 〈뻔뻔한 딕 & 제인〉, 〈영 프랑켄슈타인〉, 그리고 〈타워링〉 등 명작들의 제작에 참여했다.

제작 디자이너 찰리 우드는 1991년부터 엔터테인먼트 산업의 시각 효과 아트 디렉터로서 경력을 시작하여, 앤드루 데이비스 감독의 〈도망자〉와 〈언더 씨즈〉, 샘 레이미 감독의 〈이블 데드3: 암흑의 군단〉, 그리고 피터 위어 감독의 〈공포 탈출〉 등의 프로젝트를 함께했다. 이후 우드는 디자인 분야로 자연스럽게 이동하여 거대 제작사의 영화들부터 인디 영화에 이르는 다양한 프로젝트에서 활동했다. 최근에 참여했던 작품으로는 마블 스튜디오의 〈닥터 스트레인지〉, 〈어벤져스: 에이지 오브 울트론〉, 〈가디언즈 오브 갤럭시〉, 그리고 〈토르: 다크 월드〉와 조나단 리브스만 감독의 〈디타탄의 분노〉, 조 카나한 감독의 〈A-특공대〉, 앤디 테넌트 감독의 〈사랑보다 황금〉, 마이클 앱티드 감독의 〈어메이징 그레이스〉, 그리고 토니 빌 감독의 〈라파예트〉 등이 있다. 초기 경력으로는 피터 호윗 감독의 〈사랑에 빠지는 아주 특별한 법칙〉, F. 개리 그레이 감독의 〈이탈리안 잡〉, 그리고 스티븐 케이 감독의 〈겟 카터〉 등이 있다. 우드는 2000년에 TV 영화 〈제페토〉로 에미상® 수상 후보가 되었으며, 2007년에는 〈어메이징 그레이스〉로 새틀라이트상에서도 후보가 되었다.

BIOGRAPHIES

코스튬 디자이너 주디아나 마코프스키는 〈씨비스킷〉, 〈플레전트빌〉, 그리고 〈해리 포터와 마법사의 돌〉 등의 작품을 통해 아카데미상® 수상 후보에 세 번 선정되었으며, 영국 아카데미 시상식의 수상 후보자로도 선정되었다. 마코프스키는 오랫동안 인상적인 경력을 이어오면서 〈가디언즈 오브 갤럭시 VOL. 2〉, 〈캡틴 아메리카: 시빌 워〉, 〈캡틴 아메리카: 윈터 솔져〉, 〈에코〉, 〈헝거게임〉, 〈트레스패스〉, 〈라스트 에어밴더〉, 〈내셔널 트레저: 비밀의 책〉, 〈미스터 브룩스〉, 〈엑스맨: 최후의 전쟁〉, 〈내셔널 트레저〉, 〈베가 번스의 전설〉, 〈사랑을 위하여〉, 〈글로리아〉, 〈프랙티컬 매직〉, 〈위대한 유산〉, 〈데블스 에드버킷〉, 〈로리타〉, 〈화이트 스콜〉, 〈스페셜리스트〉, 〈사랑의 금고털이〉, 〈5번가의 폴 포이티어〉, 〈행운의 반전〉, 〈거리의 청춘〉, 그리고 〈빅〉 등 30개 이상의 영화에서 멋진 코스튬 디자인 작업을 선보였다. 마코프스키는 현재 〈어벤져스: 엔드 게임〉 영화 제작에 임하고 있다.

촬영 감독 트렌트 오펄록은 평단의 극찬을 받은 작품 〈디스트릭트 9〉을 통해 촬영 경력을 시작했다. 이 영화는 아카데미 시상식®에서 작품상을 비롯한 4개 부문에서 후보로 선정되었다. 이후 그는 맷 데이먼과 조디 포스터가 출연한 SF 스릴러 흥행작 〈엘리시움〉의 촬영을 맡았다. 가장 최근에는 마블 스튜디오의 〈캡틴 아메리카: 시빌 워〉, 〈캡틴 아메리카: 윈터 솔져〉, 그리고 휴 잭맨과 시고니 위버가 출연한 소니의 액션 스릴러 〈채피〉의 촬영을 맡았다. 단편 영화 산업에서 촬영 경력을 시작한 오펄록은 현재 2019년 개봉 예정인 어벤져스 시리즈의 차기작 작업에 임하고 있다.

시각 효과 담당자 댄 델리우는 〈캡틴 아메리카: 시빌 워〉와 〈캡틴 아메리카: 윈터 솔져〉에서 시각 효과 담당자를 맡았으며, 이후 루소 형제와 다시 한번 결합했다. 델리우는 〈박물관이 살아있다 2〉, 〈박물관이 살아있다!〉, 〈스켈리톤 키〉, 〈엘렉트라〉, 〈가필드〉, 〈레인 오브 파이어〉, 그리고 〈102 달마시안〉 등의 작품에서도 시각 효과를 담당했다. 또한 〈아이언맨 3〉에서 시각 효과 보조 담당을 맡기도 했다. 그 전에는 〈바이센테니얼 맨〉, 〈아마겟돈〉, 〈딥 라이징〉, 〈더 록〉, 그리고 〈크림슨 타이드〉에서도 시각 효과를 담당했다.

시각 개발 담당 라이언 메이너딩은 2005년부터 영화 산업에서 프리랜서 콘셉트 아티스트 겸 일러스트레이터로 활동해왔다. 그는 경력 초기부터 업계의 노련한 베테랑들로부터 극찬을 받을만한 작업물들을 제작했다. 노트르담 대학에서 산업 디자인을 전공한 후, 할리우드로 이동하여 2008년작 영화 〈아웃랜더〉의 제작에 참여했다. 그는 〈아이언맨〉 제작을 위해 마블 스튜디오에 합류했다가, 〈트랜스포머: 패자의 역습〉과 〈왓치맨〉을 작업하기 위해 잠시 자리를 비웠던 이후에는 계속해서 마블 스튜디오에서 전속으로 일했다. 〈아이언맨 2〉 작업 중에는 만화책 〈인빈서블 아이언맨〉 시리즈에서 사용할 신형 아이언맨 슈트 디자인을 제공하기도 했다. 그는 〈퍼스트 어벤져〉, 〈토르: 천둥의 신〉, 그리고 〈어벤져스〉 등에서 시각 개발 공동 담당자로 임했다. 그 후에는 〈아이언맨 3〉, 〈캡틴 아메리카: 윈터 솔져〉, 〈어벤져스: 에이지 오브 울트론〉, 〈캡틴 아메리카: 시빌 워〉, 〈닥터 스트레인지〉, 〈블랙 팬서〉, 그리고 〈스파이더맨: 홈커밍〉 등에서 시각 개발 담당으로 활동한다. 그는 〈어벤져스: 인피니티 워〉의 제작에 매우 즐겁게 참여했다.

시각 개발 감독 앤디 박은 UCLA와 아트센터 디자인 대학에서 미술과 일러스트레이션을 전공했다. 그는 어릴 적 꿈이었던 만화책 작가로 경력을 시작하여 마블과 DC, 이미지 코믹스를 비롯한 다양한 출판사에서 〈툼 레이더〉, 〈엑스칼리버〉, 그리고 〈언캐니 엑스맨〉 등의 작품들을 그려냈다. 10년 간 만화책 산업에서 종사한 후, 앤디는 자리를 옮겨 비디오 게임 산업에서 콘셉트 아티스트로 활동하기 시작했다. 이후 수많은 수상 경력을 자랑하는 소니 컴퓨터 엔터테인먼트 오브 아메리카 제작의 〈갓 오브 워〉 시리즈에서 다양한 세계와 환상 속 인물 및 생명체들을 디자인한 선구적인 아티스트 중 한 명으로 활약한다. 앤디는 2010년 시각 개발 콘셉트 아티스트로서 마블 스튜디오의 시각 개발 부서에 합류해, 〈어벤져스〉, 〈아이언맨 3〉, 〈캡틴 아메리카: 윈터 솔져〉, 〈토르: 다크 월드〉, 〈가디언즈 오브 갤럭시〉, 〈어벤져스: 에이지 오브 울트론〉, 〈앤트맨〉, 그리고 〈캡틴 아메리카: 시빌 워〉 등의 인물들과 중요 일러스트레이션 등을 디자인했다. 그는 현재 시각 개발 감독으로 재직하고 있으며, 〈가디언즈 오브 갤럭시 VOL. 2〉, 〈토르: 라그나로크〉, 〈앤트맨과 와스프〉, 그리고 현재 개봉을 앞두고 있는 영화 〈캡틴 마블〉 등의 시각 개발을 이끌었다.

선임 시각 개발 아티스트 앤서니 프랜시스코는 18년 동안 이 업계에 종사하였다. 그는 아기 그루트의 비주얼을 개발했을 뿐만 아니라 도라 밀라제 및 로키의 코스튬 등 다양한 디자인을 선보였다. 마블 스튜디오에 합류하기 전에는 스탠 윈스턴 스튜디오, ADI, 릭 베이커, 그리고 리듬 앤 휴스 등 업계 최고의 시각 효과 기업들과 함께 일하며 샘 레이미 감독의 〈스파이더맨〉, 〈맨 인 블랙 2〉, 〈리딕: 헬리온 최후의 빛〉, 〈패션 오브 크라이스트〉, 〈7번째 아들〉을 비롯한 수많은 영화 작품의 콘셉트를 제작했다. 또한 게임 업계에서도 콘셉트 제작 활동을 하면서 '기어스 오브 워 4', 엔씨소프트의 '길드워', 그리고 'Project Offset' 등의 괴물형 보스들을 디자인했다. 또한 프랜시스코는 사이드쇼 콜렉터블과 '매직: 더 개더링'의 일러스트레이션 작업도 하고 있으며, 패서디나에 위치한 아트센터 디자인 대학, 콘셉트 디자인 아카데미, CGMW, 그리고 노먼 시각 효과 학교 등에서 강사로 활동했다. 프랜시스코는 현재 버뱅크에 거주하면서 〈캡틴 마블〉과 어벤져스 시리즈의 차기작 제작에 참여하고 있다.

선임 시각 개발 아티스트 잭슨 제는 루카스 필름 애니메이션과 소니 컴퓨터 엔터테인먼트 오브 아메리카 등의 기업에 재직하며 광고, 비디오 게임, 텔레비전, 그리고 영화 산업에 종사했다. 그는 'BATTLE MiLK' 아트북 시리즈를 창립한 일원이기도 하며, 현재는 마블 스튜디오에서 선임 콘셉트 일러스트레이터로 일하고 있다. 또한 제는 헐리우드에 위치한 노먼 시각 효과 학교와 콘셉트 디자인 아카데미에서 교육 활동도 진행하고 있다. 그는 〈스타워즈: 클론 전쟁〉과 〈어린 왕자〉, 〈어벤져스〉, 〈가디언즈 오브 갤럭시〉, 〈앤트맨〉, 〈닥터 스트레인지〉, 〈가디언즈 오브 갤럭시 VOL. 2〉, 〈토르: 라그나로크〉, 그리고 〈블랙 팬서〉 등의 제작에 참여했다.

선임 시각 개발 아티스트 로드니 푸엔테벨라는 UCLA에서 디자인을, 아트센터 디자인대학에서 제품 디자인을 전공하였다. 그는 필리핀에서 태어나 샌프란시스코에서 성장하면서 지금까지 일렉트로닉 아츠, 아타리, 리듬 앤 휴스, 드림웍스 애니메이션, 그리고 와이어드 잡지사 등의 다양한 프로젝트를 작업하였으며, 그밖에도 엔터테인먼트 및 광고 분야에서 수많은 프로젝트들을 진행했다. 영화 산업에서의 활동으로는, 리듬 앤 휴스에서 콘셉트 아티스트로 재직하다가 마블 스튜디오의 시각 개발팀에 합류한다. 푸엔테벨라는 〈퍼스트 어벤져〉, 〈어벤져스〉, 〈아이언맨 3〉, 〈캡틴 아메리카: 윈터 솔져〉, 〈가디언즈 오브 갤럭시〉, 〈어벤져스: 에이지 오브 울트론〉, 〈앤트맨〉, 〈캡틴 아메리카: 시빌 워〉, 〈닥터 스트레인지〉, 〈스파이더맨: 홈커밍〉, 〈토르: 라그나로크〉, 〈블랙 팬서〉, 〈어벤져스: 인피니티 워〉, 〈앤트맨과 와스프〉, 그리고 현재 개봉을 앞두고 있는 MCU의 영화 및 프로젝트에서 사용할 중요 아트 일러스트레이션과 캐릭터 디자인을 제작했다.

시각 개발 콘셉트 일러스트레이터 필 손더스는 2001년부터 거의 모든 거대 제작사들에서 영화에 등장하는 인물과 차량, 배경, 그리고 소품을 디자인하였다. 그는 〈아이언맨〉의 제작 당시부터 마블 스튜디오와 협력하기 시작했으며 이후로 〈아이언맨 3〉, 〈캡틴 아메리카: 시빌 워〉, 〈스파이더맨: 홈커밍〉, 그리고 총 4편의 어벤져스 영화 등 유명 캐릭터가 등장하는 거의 모든 마블 영화들에서 작업을 이어왔다. 또한 〈트론: 새로운 시작〉, 〈자투라: 스페이스 어드벤처〉, 〈카우보이 & 에이리언〉, 〈스파이더맨 3〉, 그리고 〈킹스맨: 골든 서클〉 등의 제작에도 참여했다. 그는 영화 산업에서 경력을 시작하기 전의 10년 동안 컴퓨터 게임 개발사 프레스토 스튜디오의 제작 감독, 닛산 디자인 인터내셔널의 차량 디자이너, 그리고 위치 기반 엔터테인먼트 분야의 프리랜서 디자이너로 활동했다. 필은 현재 킹스맨 시리즈의 신작과 〈스타워즈 에피소드 9〉처럼 앞으로 개봉을 앞두고 있는 작품들의 제작에도 참여했다.

디지털 조형사 애덤 로스는 마블 스튜디오 시각 개발 부서의 디지털 조형사로 활동하고 있다. 그의 주 업무는 시각 개발 부서에서 제작한 일러스트레이션을 바탕으로 콘셉트를 뒷받침해줄 모델 및 조형의 제작, 러프 콘셉트 일러스트레이션을 바탕으로 한 3D 모델링 완성, 그리고 콘셉트 일러스트레이션과 소품, 의상 및 시각 효과 사이의 간극을 메워주는 역할 등이 있다. 그는 영화, 장난감, 수집품, 그리고 군사 산업에서 오랜 역사를 만들어온 3D 프린트 및 스캐닝 기술 분야에 방대한 경력을 갖고 있다. 또한 〈아이언맨 3〉, 〈캡틴 아메리카: 윈터 솔져〉, 〈스파이더맨: 홈커밍〉, 〈토르: 라그나로크〉, 그리고 〈블랙 팬서〉 등의 영화 제작에 참여했다.

ARTIST CREDITS 제작 아티스트

메이너딩 ▶

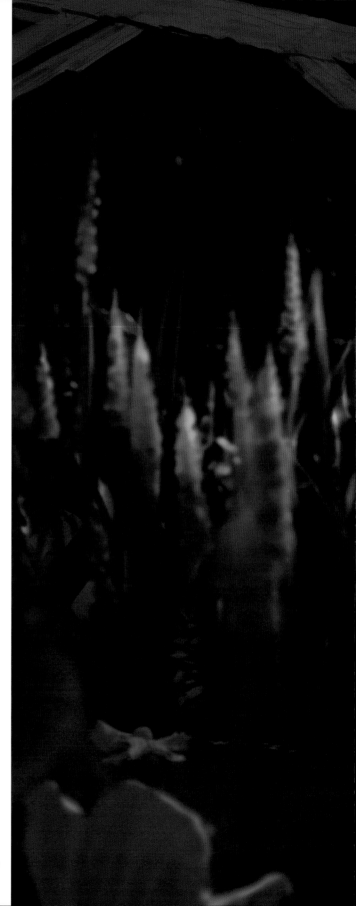

고마운 분들

AJ바르가스 AJ Vargas
C.L. 위드 C.L. Ward
대린 덴링거 Darrin Denlinger
데이비드 그랜트 David Grant
디지털 도메인 Digital Domain
라이언 메이너딩 Ryan Meinerding
라이언 포터 Ryan Potter
랜디 맥고언 Randy McGowan
러셀 보빗 Russell Bobbitt
레거시 이펙트 Legacy Effects
레이 챈 Ray Chan
로드니 푸엔테벨라
Rodney Fuentebella
로베르토 F. 카스트로
Roberto F. Castro
루이스 데스포지토 Louis D'Esposito
마이클 그릴로 Michael Grillo
맷 델마노프스키 Matt Delmanowski
메소드 스튜디오 Method Studios
미치 벨 Mitch Bell
밥 체셔 Bob Cheshire
보얀 부시세비치 Bojan Vucicevic
브라이언 앤드루스 Bryan Andrews
브라이언 파커 Bryan Parker
빅토리아 알론소 Victoria Alonso
숀 하그리브스 Sean Hargreaves
수사나 루 Susana Lou
스탠 리 Stan Lee
스티브 웡 Steve Wong
스티븐 맥필리 Stephen McFeely
스티븐 슈릴 Stephen Schirle
아디 그라노브 Adi Granov
아비아 페레스 Avia Perez
아이반 웨이트먼 Ivan Weightman
알렉스 맨드라지예프
Alex Mandradjiev
알렉시 브릭롯 Aleksi Briclot
알렉시스 오디토레 Alexis Auditore
애덤 로스 Adam Ross
애리 코스타 Ari Costa
앤드루 리더 Andrew Reeder
앤디 박 Andy Park
앤서니 루소 Anthony Russo
앤서니 프랜시스코 Anthony Francisco

앨릭스 샤프 Alex Scharf
에리카 덴턴 Erika Denton
엘레니 루소스 Eleni roussos
엘리사 헌터 Elissa Hunter
웨슬리 버트 Wesley Burt
윌 코로나 필그림 Will Corona Pilgrim
올리버 프런 Oliver Pron
이언 조이너 Ian Joyner
자크 포트 Jacque Porte
잭 커비 Jack kIrby
잭슨 제 Jackson Sze
저래드 메란츠 Jerad Marantz
저스틴 스위트 Justin Sweet
제러미 래첨 Jeremy Latcham
제임스 건 James Gunn
젠 언더달 Jen Underdahl
조 루소 Joe Russo
조시 니치 Josh Nizzi
존 스타웁 John Staub
존 패브로 Jon Favreau
주디아나 마코프스키
Judianna Makovsky
찰리 우드 Charlie Wood
카를라 오르티스 Karla Ortiz
케빈 파이기 Kevin Feige
콘스턴틴 세케리스 Constantine Sekeris
크리스 케슬러 Chris Kesler
크리스찬 코델라 Christian Cordella
크리스토퍼 마커스 Christopher Markus
크리스틴 젤라즈코 Kristin Zelazko
토드 해리스 Todd Harris
툴리 서머스 Tully Summers
트린 트란 Trinh Tran
팀 플래터리 Tim Flattery
팀 힐 Tim Hill
파우스토 데 마르티니
Fausto De Martini
퍼시벌 라누자 Percival Lanuza
폴 챈들러 Paul Chandler
폴 캐틀링 Paul Catling
프리츠 랭 Fritz Lang
피트 톰프슨 Pete Thompson
필 손더스 Phil Saunders